THE II
WORLD
WAR

『十二五』国家重点出版物出版规划项目

第二次世界大战战场丛书

钱乘旦　庞绍堂／主编

陈仲丹　周晓政 ◎ 著

太平洋战场

华夏出版社
HUAXIA PUBLISHING HOUSE

图书在版编目（CIP）数据

太平洋战场 / 陈仲丹，周晓政著. —北京：华夏出版社，2015.1（2020.6重印）
（第二次世界大战战场丛书）
ISBN 978 - 7 - 5080 - 8294 - 3

Ⅰ. ①太…　Ⅱ. ①陈…　②周…　Ⅲ. ①太平洋战争－史料
Ⅳ. ①E195.2

中国版本图书馆 CIP 数据核字(2014)第 265862 号

太平洋战场

作　　者	陈仲丹　周晓政	
责任编辑	罗　庆	
出版发行	**华夏出版社**	
经　　销	新华书店	
印　　刷	石家庄继文印刷有限公司	
装　　订	石家庄继文印刷有限公司	
版　　次	2015 年 1 月北京第 1 版	
	2020 年 6 月北京第 2 次印刷	
开　　本	670×970　1/16 开	
印　　张	16.75	
字　　数	187 千字	
定　　价	36.00 元	

华夏出版社　　地址：北京市东直门外香河园北里 4 号　　邮编：100028
网址:www.hxph.com.cn　　　　电话：(010)64663331（转）
若发现本版图书有印装质量问题，请与我社营销中心联系调换。

总　序

钱乘旦

二十年之前，《第二次世界大战战场丛书》全套八册在当时任职中国青年出版社的潘平先生的支持下撰写完成，并收入由中国青少年基金会发起的公益项目希望书库中，由中国青年出版社和中国少年儿童出版社出版印行，由中国青少年发展基金会作为希望小学的课外阅读书籍与贫困地区的小学生们见面了。二十年之后的今天，原稿经过修改和补充即将由华夏出版社出版，作为对第二次世界大战结束七十周年的一束纪念。

二十年前我为这套书写了一篇序，时至今日再看此文，其中的基本判断居然都没有过时。首先，世界又维持了二十年的和平，而这二十年确确实实是以和平与发展为主题的；但人们未曾料到，战后的发展主要是新兴国家的发展，世界力量的平衡由此发生变化，五百年的西方优势正一点点消退，非西方国家经历着群体的复兴。如何面对新的世界格局，关系到战争与和平的重大问题；只有对各国的发展都"乐见其成"，将其视为全人类的共同福音，才能对世界变化有正确的认识，而不致将人性中阴暗的一面付之于行动。

其次，苏联解体、两极世界瓦解后，这个世界不是更太平、而是更危险了，一个超级大国恣意妄为、随便改变现状的做法只使得这个世界狼烟四起，比任何时候都更接近于战争的边缘。和平维持了太长的时间，战争的记忆似乎已经遥远，年轻人只是在电脑游戏中接触战争场面，而那些游戏又确实把战争当成儿戏。这种时尚的"现代文化"隐藏着太多的隐患，人们需要尽早反思，不要让它泛滥成灾，而能够给人们带来真实的战争记忆、回想起第二次世界大战的巨大伤痛的，恰恰是真实地写出战争的历史，并永远记住它留下的历史教训。

第三，第二次世界大战是一场用正义战争打败非正义战争的大战，为打赢这场战争，世界人民付出了五千万人牺牲的代价，财产的损失不计其数。正气本应该长存，但出于偏见或意识形态，现在有些人却有意无意地抹杀二战的正义性质，混淆是非，把正义者说成邪恶，为邪恶者涂脂抹粉。人们对这场战争的记忆本来就在冲淡，而有意的歪曲和故意掩盖事实，无论出自何种动机，都只会助长邪恶。

作为"世界"大战，第二次世界大战在大半个地球激烈进行，其中一个主战场在中国。但长期以来英美话语控制了战争的诠释权，中国战场成了陪衬甚至消失在记忆中。我们这套书有意识地纠正了这种偏见，八册中有两册是专写中国战场的，一册写中国正面战场，另一册写中国敌后战场，两册合在一起，全面表现了波澜壮阔的中国抗日战争。二十年前还有人故意回避正面战场，今天我们都知道抗日战争是全中国人民的共同战争，是中华民族走向复兴的伟大胜利。中国抗日战争为世界反法西斯战争做出了重要贡献，这是永远不可忘记的。

所以说，二十年前的这些说法仍然有意义，因此在丛书正式出版时我将它全文刊出，作为全书的总序。

"希望书库"版序言

钱乘旦　庞绍堂

第二次世界大战硝烟弭散，到现在已经五十年了。五十年前出生的那些人，如今也已经"知天命"，要年逾半百了。五十年来，尽管世界上狼烟未止，大大小小的战争始终不断，但全球性的大战总算没有打起来，出现了五十年难得的和平时期。五十年中，世界发展很快，物质生产的能力成倍增加，财富之增长居然破天荒第一次使居住在这个世界上的人不仅少数特殊人物可以享受优裕的生活，而且数量相当可观的普通人也能够分享其富裕了。许多地区已经习惯于和平与安宁，几代人都不知道战争是什么样；即使曾亲身经历过战争的人，战争也已成为遥远的过去。和平与发展是当代世界的主题，人们祈望着和平能世世代代维持下去，永无止境。

人们渴望和平，因为和平与幸福总是连在一起；人们痛恨战争，因为战争与苦难是同义语。很少有人不希望和平，而想要战争的；然而，战争又似乎是人类永远摆脱不掉的命运之阴云，笼罩着由希望之火点燃的历史之光。战争陪伴着人类的历史，乃至在官修的史书上，没有战争似乎就显示不出君王的伟大，没有征伐似乎就表现不了统治的英明。可悲的是，历史似乎也果真如此，还在我们的先民与巨野洪荒作斗争的时代，人类就被战争的梦魇时时纠缠，尽管豺狼虎豹凶狠地威胁着人类的生存，但人的不同族群之间却免不了要彼此厮杀，人的同类相斗充满了血腥气。文明降临之后，战争与历史一起进入文明，而且越来越自觉地利用文明的进步所造成的结果，从古希腊的青铜剑，到 20 世纪的激光导弹，哪一个历史阶段，不见证着武器的发展与完善，人类的多少智慧，被消耗在战争这门艺术上！当后人歌颂帝王的宏业、将军的伟绩时，似乎已经忘记了战争的残酷；有些人说，战争是文明发展的杠杆，没有战争，社会也就停止不前了。对此我们虽然不敢苟同，但同时又不得不承认：社会的发展有时的确需要战争来推动，比如：当新社会需要诞生、旧社会又不肯退去时，战争会帮助消灭旧社会；当邪恶势力张牙舞爪、剥夺千百万无辜人的生命与自由时，战争会帮助伸张正义，消灭邪恶；即使在并无正义与非正义之分，战争只是不开化人群的相互残杀或贪婪帝王们的争疆夺土时，它也会起到沟通文明、交流文化的作用，因为在工业化以前的时代里，地区间的联系极稀少，人们生活在封闭的地域里，很少有交流的机会，于是，战争作为一种残酷的沟通手段，居然也可以成为文明的载体！

但战争无论如何都是人性中丑陋一面的暴露。不管存在不存在正义的一方，战争都是由邪恶势力造成的。非正义的战争自不消说，它体现着统治者的贪婪、权欲和凶狠残暴；即使是正义的战争，也必然是在邪恶势力登峰造极、正义的力量不用战争作手段便不可铲除恶势力的前提下发生的。一场战争要么无正义与非正义可言，实际上双方都是非正义；要么一方是正义，另一方是非正义，于是战争首先由非正义一方挑起，正义一方为反抗、为生存，不得不奋起反击，拿起武器，向邪恶势力开战。

　　第二次世界大战就是一场典型的用正义战争打败非正义战争的大战，为打赢这场战争，全世界人民付出了五千万人牺牲的代价，战争的财产损失，估计达到四万亿美元。人类作出如此巨大的牺牲，仅仅是为了消灭人类历史上最邪恶的势力之一——法西斯主义。痛定思痛，人们不禁会默然深思：难道一定要在热血和泪水中才能伸张永恒的正义吗？为什么不能在邪恶势力毒苗初露的时候就将它铲除，而一定要等它作恶多端、危害匪浅时才动员更大的人力和物力，去和它作本来可以轻易得多的斗争？第二次世界大战留给后人去深思的最深沉的，也许就是这个问题。

　　人类是不是还需要不断地经受战争的苦难？是不是只有用鲜血和生命才能捍卫真理和正义？也许正是带着这种迷茫，世界才走完了五十年艰难的和平历程。在纪念世界反法西斯战争胜利五十周年之际，我们却不可忘记：当上一次大战奠定的世界体系瓦解之后，我们这个世界又变得动荡不安了，两极控制世界的平衡状态已经被打破，新的战争根源有可能在混乱中产生。我们能否阻止新的战争？我们能否化解各种冲突？能不能在邪恶势力刚刚抬头的时候就遏止它、消灭它？这是摆在全世界人民面前的严峻考验。我们渴望和平，我们希望永远不再有战争，至少不再有全球性的世界大战。我们希望人类的理智已经成熟到这个程度，即人们将永远清醒地认识到：现代科学已经使人类具备了消灭自己的能力，世界的核武库可以把地球炸翻好几次。然而我们却不得不痛心地承认：战争曾一直与历史同在，我们不能保证人类的私欲永远不再助长邪恶势力的抬头，使之再次成为引发世界战争的根源。但即使如此，我们仍然深信：

正义会在战争中凯旋，因为人类在其本性中，天生就追求真理与正义！

第二次世界大战是波澜壮阔的，它高奏着振人心弦的英雄乐章，它为作家艺术家储藏了取之不尽的创作灵感，它为一代代后世人留下了长久永存的崇敬与深思，它为历史家提供了永不磨灭的史绩。然而，我们仍然希望它是人类历史上最后一次大战，铺设在人类脚下的，应该是永远的绿色和平之路。

让我们真诚地祝福和平永存。

1994 年 10 月于南京

一

风暴之源

在浩瀚的太平洋东西两侧，有两个强大的国家隔洋相望，这就是美国和日本。这两个国家很少有相似之处：美国是西方国家，日本是东方国家；美国是大陆国家，日本是岛国；美国人主要是白种人，日本人是黄种人；美利坚民族受基督教文化影响，日本的大和民族受儒家佛教文化影响。20 世纪 40 年代，这两个在各方面截然不同的国家从东西两面向波涛汹涌的太平洋相向厮杀，彼此为敌。然而回首过去，在 20 世纪初，两国却曾有过一段短暂的友好时期。

1904 年，在中国东北，日本与俄国为争夺势力范围交战，战事相当残酷，当时有许多美国人因为对俄国无好感而同情日本，在美国漫画家笔下，日本士兵成了英雄，威武的日本武士正在与俄国熊搏斗。大量美国资金流入日本充作军费。第二年，当日本在军事上占有优势但又无力再战时，美国总统西奥多·罗斯福出面调停，使停战条约对日本有利。

不过两国的蜜月时间并不长。战后日本迅速向外扩张，引起了美国的反感，美国人感到自身的利益受到了损害，两国关系也逐渐由友好走向对抗。首先，大批日本人涌入美国西海岸，遭到当地居民的排斥。1906 年旧金山市政当局要求禁止移民入境，还要求把东方人儿童与白人儿童隔离开来，旧金山教育当局下令所有在美国出生的日本儿童必须去华人集中居住的唐人街上学。日本政府向美国发出抗议照会，认为这是"一种侮辱性的歧视行为，令人憎恨，决不可等闲视之"。两国关系为此一度紧张，甚至有人认为有可能因此发生战争。西奥多·罗斯福总统曾密令驻菲律宾的美军司令要防备日军进攻。后来，两国达成了协议，日本政府同意"自动"限制移民进入美国。

1907 年，美国海军所拥有的全部战列舰共 16 艘举行了一次意味深长的环球航行，出航前把军舰漆成白色。日本政府无可奈何地邀请舰队顺道访问日本。当这支"白色大舰队"在东京湾停泊时，欢迎活动搞得很热闹。在宴会上，一万名日本儿童高唱美国歌曲《扬基进行曲》，年轻的美国水兵把日本海军名将东乡平八郎抛向空中。舰队返航后罗斯福总统很满意，认为这次航行成功地阻止了日本向美国殖民地菲律宾的扩张。这时，夏威夷群岛上的珍珠港被选作美国舰队在太平洋上的主要基地。

第一次世界大战爆发后，日本利用这个千载难逢的机会，借口参加协约国对德作战，出兵从德国手中夺得了中国的青岛、太平洋上的加罗林群岛、马绍尔群岛和马里亚纳群岛。这些岛屿后来成为日本的托管地。一战后，美国决心建造一支庞大的舰队，以保护美国在太平洋和大西洋两洋的利益，计划至少建立两支各有 16 艘战列舰的舰队。日本针锋相对地建造了 8 艘超级无畏战舰，与美国正在建造的装备 16 英寸火炮的 4 万吨级巨型战舰不相上下。两国由此展开海军军备竞赛。1921年，美国召集各海军强国在华盛顿开会，达成了一个美英日三国主力舰比例为5:5:3的限制海军军备条约，并规定英国和美国保证不在香港、关岛和马尼拉建立军事基地，日本则不在自己托管的岛屿上部署军用飞机或军舰。日本代表接受了这些条件，但要求除规定外，让日本再造一艘战列舰"陆奥"号，因为日本小学生已经为建造这艘军舰捐齐了钱。以后的10年内，两国关系较为缓和。

可是驻扎在中国东北的日本关东军却不甘寂寞，迫不及待地企图独占中国东北全境。1931年9月18日深夜，关东军的一支工兵小队奉命炸断了沈阳北郊柳条湖附近的一段铁轨。铁轨炸断后关东军立即向中国政府发出电报，指责中国军队破坏了日本控制的南满铁路。随即关东军大队人马出动，用事先从旅顺运来的大口径榴弹炮猛轰东北军驻地北大营，占领沈阳，后又在几个月内占领了东北三省其他地区。

"九一八事变"的消息传到白宫，美国国务卿史汀生主张采取强硬态度，用禁运石油和禁止通商的办法制裁日本。而曾在中国开平煤矿当过工程师、被看作"中国通"的美国总统胡佛却底气不足，认为史汀生"更像个勇士而不是外交官"，制裁日本就像是"用针刺老虎"。胡佛最后拍板，决定美国不介入这一冲突，但对日本的侵略活动又不能不有所表示。1932年1月7日，美国公布了史汀生起草的"不承认"照会，宣布美国不承认"侵略的产物"。日本对美国软弱的表示并不在意，干脆在东北建立傀儡国家"满洲国"，把已退位隐居在天津的中国末代皇帝溥仪接到东北，充任这个傀儡国的元首。

　　不久，由英法控制的国际联盟也作出反应，派出以英国爵士李顿为首的调查团去中国和日本调查。调查团最后提交的报告书虽然没有严厉谴责日本，但客观陈述了日本用武力侵略中国的事实，要求各会员国不承认"满洲国"。1933年2月，国联在瑞士日内瓦的国联总部大厦召开大会，表决《李顿报告书》。投票结果除了中日两个当事国外，支持《报告书》的会员国为四十二票，零票反对，只有泰国弃权。表决结果一宣布，剃平头蓄着八字胡的日本代表松冈洋右立即走上台，发表了简短的告别词，然后不等翻译译完，就戏剧般地带着在场的所有日本人退出会场。从此，日本退出了国联。

　　1936年2月26日，日本陆军中一批强烈要求对外扩张的中下级军官带领一千多名士兵攻占陆军省，袭击了首相官邸，73岁高龄的冈田启介首相躲进洗衣房才幸免于难，但这次行动还是杀了几个大臣和高官。不出几天叛乱被平息，几名为首的叛乱分子被处死。事后很少有人能了解这次由狂热的下层军官发动的政变的真正意义，而当时正在东京为苏联红军搜集情报的德国人左尔格却看得很清楚。他向红军情报局报告，这次事件将导致日本长期对外扩张，而如果扩张，则必然首先针对中国。

　　左尔格的预言一年后就应验了。1937年7月7日，日军借口在北平郊区的卢沟桥演习时有一个士兵失踪而挑起战端，炮轰卢沟桥和宛平城，发动了全面的侵华战争。日军预计，"三个月内粉碎中国军队"。但中国国内国民党与共产党合作，进行了英勇的抵抗，粉碎了日军的迷梦。这时的美国总统是富兰克林·罗斯福，他不像其前任胡佛那么软弱，而是向全世界发表了著名的"防疫演说"："当一种传染病开始流行时，为了保护社会全体成员的健康，大家都同意并参加把病人隔离。"言下之意，战争就是这种传染病，不防止这种传染病，美国也得不到安全。罗斯福的这篇演说在国内引起轩然大波，国内不少政治家认为美国在中国没有什么利益，不值得去冒与日本开战的危险。美国国内不愿介入国际事务的"孤立主义"势力当时相当强大。对此罗斯福不得不有所顾忌。以后几年内，美日关系处于一种扑朔迷离的复杂状态。

1937 年 12 月 12 日日军围攻南京时，挂着特大星条旗的美国炮舰"帕尼"号在南京附近的长江江面被日本海军飞机击沉，舰上落水的水兵上岸后又遭到日军汽艇的扫射。这一事件激怒了美国人。在历史上，美国与西班牙之间的一场战争就是因为美国军舰"缅因"号被炸沉而引发的，美国驻日大使格鲁已经准备收拾行李回国。但双方还不愿就此开战，日本政府迅速表示道歉，解释说是日本飞行员弄错了"帕尼"号的国籍，并在圣诞节那天交付了 200 多万美元的赔款。

日本无休止的侵略行径，逐渐使人们看清它是个掠夺成性、满口谎言的国家。它表面上彬彬有礼，实际上贪得无厌。正如一位美国诗人在一首诗中所说：

> 这个日本人多有礼貌，
>
> 他总是说："请原谅。"
>
> 他爬进邻居的花园里，
>
> 笑着说："对不起。"
>
> 他鞠躬，友好地咧嘴而笑。
>
> 把他饥饿的一家人叫进屋。
>
> 他咧嘴微笑，
>
> 友好地哈腰点头说：

"真对不起，

这座花园是我的了。"

罗斯福总统很有远见，他看到终有一天日本要与美国决一雌雄，决战的战场必然是在太平洋。他坐着轮椅去国会说服议员们同意发展海军，使美国在两大洋具有作战能力。国会两次同意拨款扩建海军，还增加了陆军军费。但美国一面在整顿军备，一面又在与日本做生意，向日本出口对其战争机器至关重要的石油和废钢铁，大发战争财。

1940年，德国军队在欧洲大陆发动闪电战，迅速打败了法国、比利时等国，英军在敦刻尔克仓皇撤退，法国投降，法国南部出现了一个依附德国的维希傀儡政权，统治地区仅及原法国政府管辖法国的三分之一。正在中国进行侵略战争的日军受到鼓舞，军部首脑提出"勿失良机"的口号，认为法国已战败，英国正在苦苦挣扎，此时不进军东南亚夺取石油和其他日本急需的资源，更待何时？陆军中有些人提出向新加坡发动一次突然袭击，但未被采纳。海军不愿攻击新加坡，他们看中的是由维希政权控制的印度支那，认为那里的橡胶、锡、钨、煤和大米，"是丢在街上只等人去拣的宝物"。1940年8月，在日本的压力下，朝不保夕的维希政权被迫与日本代表签订条约，允许日本在印度支那北部建立空军基地，日军可以借道印度支那向中国进攻。不久，日本与德国、意大利签订了三国同盟条约，结成法西斯侵略同盟。美国对此立即作出反应。早在7月，美国已宣布限制航空汽油、润滑油和废钢铁的出口，这时又宣布对所有废钢铁实行全面禁运。日本曾试图从荷属东印度（今印度尼西亚）增加石油进口，派人去谈判，结果却一无所获。

1941 年 9 月，决意南进的日军进入印度支那南部，在金兰湾登陆，占领了西贡和岘港。罗斯福马上宣布对日本实行全面石油禁运，并冻结日本在美的全部资产，中断两国贸易联系。英国和荷兰也采取了同样的做法。这些制裁措施使日本的阵脚大乱，尤其对海军的打击最大，因为日本资源匮乏，一旦发生战争，日本当时的 550 万吨石油储备还用不到一年。海军军令部总长永野修身几天后去拜谒天皇，他首先表示要尽力避免战争，然后提醒天皇日本的石油储备有限，最后，他主张："在这种形势下，我们还是首先动手好。我们定能打胜。"裕仁天皇立即提出一个问题："你能取得大胜吗？能取得像对马海战（日俄战争中日本大获全胜的一场决战）那样的胜利吗？"永野回答："很抱歉，不可能。""那么，"天皇忧郁地说，"这将是背水一战。"日本人感到，每天要耗费一万多吨石油，而又无法补充，用不了多久，日本的舰队就会像搁浅沙滩的鲸鱼一样动弹不得。

为此，日本军界和政界首脑紧急召开了一系列会议，商讨对策。日美双方的立场相差很远。美国指出，日本必须撤出印度支那和中国，放弃与德、意的盟约，这样才能恢复供应石油。日本的答复是不能考虑撤出中国，因为已经在中国投入了大量人力物力，不能一走了之，在印度支那，也只能在适当的时候撤军。反过来，日本却要求美国停止向中国提供援助。

战争爆发前的几个月内，两国外交官一直在努力。感情上亲日的美国驻日大使格鲁给赫尔国务卿写信，恳求他理解日本人的心理。格鲁还给罗斯福写信，希望他注意日本人在强大的压力下会"孤注一掷"。1941年8月的一天，日本外相丰田贞次郎与格鲁进行了一次长谈。格鲁晚年回忆这是他与一国外长所进行的时间最长的一次谈话。当时天气酷热难熬，两人都脱去了外衣。丰田再三解释日军进入印度支那只是为了策应在中国的战事，不是受德国的压力调兵南下，希望安排一次日本首相近卫与罗斯福总统的会晤以解决纷争。当天，格鲁就给赫尔发了一份电报，主张美国同意举行这次会谈。格鲁还认为日本不会同意撤出中国，如果美国愿与日本达成协议，最好还是降格以求，不要以此作为先决条件。

尽管罗斯福本人愿意与近卫会晤，但赫尔坚决反对。当时美国已能破译日本的外交密电，赫尔已知道日军正在集结，下一步可能要出兵泰国。他不相信日本会放弃用武力夺得的地盘。在美国政府内，海军部长诺克斯和陆军部长史汀生都主张对日本采取强硬态度，认为日本是在虚张声势，即使开战也不会给美国造成多大损害。英国首相丘吉尔也对罗斯福施加影响，力主对日不能让步。而罗斯福还是想与日本暂时达成某种妥协，他不希望美国同时卷入在欧洲和亚洲的两场战争。况且陆军参谋长马歇尔和海军作战部长斯塔克也提醒他，美国军队还远远没有做好战争准备。

日本领导人在东京等待罗斯福的答复已经不耐烦了，9月3日，他们开会磋商，军方认为"事情不能再拖了"，必须给谈判规定一个最后期限。在军方的压力下，会议做出决定："为保卫和维护帝国的生存，以10月上旬为初步截止期限做好战争准备。如有必要，决心对美国、英国和荷兰开战。"就在当天传来了罗斯福的答复，婉言拒绝了近卫邀请他会晤的请求。9月5日，近卫就规定最后截止期限的事谒见天皇。天皇面无表情，他看了奏本和所附作战计划后，对临时招来的陆军参谋总长杉山元说："针对南方的战争能否按计划进行？"杉山回答能按计划作战。天皇又问："你有把握使战争按计划进行吗？你当陆相时曾说中国军队会很快被击败，可是一直未能做到。"

杉山委屈地为自己辩解："因为中国内地辽阔。"

天皇激动地站起来反问："南洋可要宽阔得多，你怎么能说在5个月内结束战争？"

这时在场的海军军令部总长永野打圆场说："我认为，这正像一个危急病人在等待手术一样，手术方案必须迅速做出。不动手术就意味着让病人逐渐衰亡。手术虽然是个极端措施，但有可能挽救病人的生命。"他表示，日本为巩固既得的利益，应不惜与美国一战。

第二天在皇宫召开了御前会议，由军部领导人和内阁大臣参加。军方又老调重弹：必须尽快对美英发动进攻，但不能保证有绝对获胜的把握。在会上，枢密院议长提出质疑：军方现在似乎是把战争放在首要地位，外交放在次要地位。几个坐得笔直的陆海军高级军官对此闭口不答。这时，天皇突然一反常态，从口袋中拿出一张纸片，尖声朗诵他的祖父明治天皇的一首短歌：

四海之内，

皆为兄弟，

如此世界，

何以风波不止？

全场一片寂然。这一尴尬的会议开到中午才宣布休会，会上通过决议：谈判与备战应同时进行。

对发动太平洋战争负有罪责的日本首相东条英机

（石川寅治绘）

整个 1941 年秋季,格鲁不停地从东京发出警告,说战争可能突然爆发,并断言日本会"宁愿冒整个民族切腹自杀的危险"。

外交谈判毫无进展,1941 年 10 月近卫内阁倒台,由力主开战的原陆相东条英机出任首相。东条英机本不愿谈判,但作为首相又不得不有所顾忌,于是上任后决定将谈判的最后期限延至 12 月 1 日。新任日本外相东乡茂德草拟了两个与美国谈判的方案。甲方案称:日本同意在 25 年内从中国撤出全部驻军。乙方案是准备在前一方案遭拒绝时提出的,内容为日本答应不再向南面入侵,且一旦与中国媾和,或在太平洋地区确立全面的和平,日本将全部撤出印度支那。若美国同意向日本出口 100 万吨航空汽油,日本则先将在印度支那南部的驻军撤向北部。谈判的原则确定后,又加派外交特使来栖三郎飞往华盛顿协助野村大使谈判。

野村大使先向美国提出甲方案,但长时间得不到答复,而东京又一天天在催他,野村只好拿出最后的王牌乙方案。赫尔认为这份方案像最后通牒,在要挟美国。他后来在回忆录中描述自己当时的看法:日本政府提出的条件"颠三倒四,荒谬到没有一个美国人会梦想接受"。负责日本事务的美国国务院官员巴兰顿认为:把日军从印度支那南方撤到北方毫无意义,因为这些军队能在一两天内开回南方。他不知道就是这样一个条件还是日本外相与军方争吵多次才争取到的大让步。巴兰顿得出结论,接受这种方案意味着"美国赞同日本的侵略,同意日本在将来进行无止境的征服……出卖中国……",是"对美国国家安全最严重的威胁"。

与赫尔、巴兰顿的强硬态度不同,罗斯福提出一个妥协方案,内容为美国恢复与日本的贸易关系,而"日本不再向印度支那和满洲边境或南方任何地方派兵"，并让赫尔研究这一草案的可行性，其内容带有姑息日本侵略中国的性质。在赫尔将草案副本送交中国驻美大使胡适时，胡适第二天就向赫尔提交了抗议照会，认为美国"欲以中国作代价来姑息日本"。正在赫尔举棋不定时，他得到美国陆军情报部门的报告：一支庞大的日本舰队和运兵船正从上海出发驶向东南亚。赫尔顿时觉得这是日本人不可信的证据，他们一方面谈判和约，答应撤军，另一方面又向印度支那派出军队。他决定把罗斯福提出的草案放在一边，起草了一份向日本提出的十点备忘录。其内容比较严厉，要求日本"从中国和印度支那撤出全部陆海空和警察部队"；在中国除支持蒋介石外不得支持其他政府或政权；美日与远东有关国家签订互不侵犯条约，因此也就在实际上废除了德意日三国同盟条约。野村和来栖被召到国务院，心神不定地看了赫尔的十点备忘录，目瞪口呆，惊讶得一句话也说不出来。他们知道日本政府无论如何也不会同意这样的条件，况且还有桀骜不驯的军方。

赫尔的答复传到东京，东条英机正在开联络会议。他读了电报，会场上有人说了一句，"这是一份最后通牒"。会议决定贯彻以前制定的方案，一待战斗部队部署完毕就发动战争。12月1日已到谈判截止日期，日本又一次召开御前会议。东条英机宣布，日本不能屈服于美国提出的退出中国和废除三国同盟条约的条件，"为了保卫帝国，必须向美国、英国和荷兰开战"。天皇在文件上盖了御玺，批准了开战决定。日本政府开始起草给美国的最后声明，准备由驻华盛顿的使节在开战前几小时内递交美国政府。陆海军向指挥官发出12月8日（这一天在夏威夷是12月7日）进攻的命令。而这时，准备袭击珍珠港美国太平洋舰队的日本联合舰队机动部队已经出发。还剩下几天和平的日子，还要继续哄骗美国人。野村和来栖与赫尔联系，东乡外相则殷勤耐心地应付格鲁。在战火即将燃起之际，罗斯福总统又作了一次努力，他以个人名义致函日本天皇，要求日本从印度支那撤出全部陆海军，阻止战争爆发。信件以电报明码发出，被东京电报局扣压了 10 小时。决意发动战争的东条认为这封信没有做出什么让步，就与东乡一起起草了婉言拒绝的答复，使得和平谈判的最后一线希望也破灭了。

在离进攻时间还有 48 小时时，东乡用密码向日本驻美使馆拍发了一份由 14 部分组成的备忘录，要求停止谈判。这份备忘录具有最后通牒的性质，要求使馆在华盛顿时间 12 月 7 日下午 1 时即偷袭珍珠港前 1 小时送交赫尔。备忘录在拍发时，被美国海军情报部门截获破译，并转送白宫。日本驻美使馆竟把这么重要的电报给耽误了，在前几部分译完后译电员下班去参加一个欢送会，直到第二天上午才在得知真情而大惊失色的野村催促下重新工作。由于来不及译电，打字速度又慢，野村决定推迟一小时在下午 2 时送交备忘录。

华盛顿时间下午 2 时左右，野村与来栖匆忙将刚打印好的备忘录装入文件包，坐车去美国国务院。已知道珍珠港遭袭击的赫尔在会见时连座也不让。野村用抱歉的语气说："我奉命应在下午 1 时向您递交这份备忘录。"赫尔铁青着脸，接过备忘录，尽管他已知道内容，还是粗粗翻阅一遍，愤怒地说："我在过去 9 个月中同你们的所有谈话中从没有说过一句不确实的话。这完全有案可查。在我整个 50 年公职生活中，从未见过像这样充满无耻谎言和歪曲事实的文件。我想不出在这个星球上，还有什么政府能说出这样的话！"说完，他用下巴指指门口，下了逐客令。两人出门时，赫尔轻声骂了一句他家乡田纳西州的土话："无赖加屎虫！"野村回到使馆，得悉了偷袭的消息，才意识到自己没有按时递交备忘录犯下了多大的过失，因为他是在日本偷袭珍珠港之后才递交备忘录的。这时珍珠港的美国海军基地正弥漫在硝烟和火光中。从此，战争的风暴开始席卷整个太平洋。

二

偷袭珍珠港

太平洋战争以日本偷袭珍珠港为起点，而日本海军偷袭的成功又与日本联合舰队司令长官山本五十六大将有很大的关系，是他最早提出设想并付诸实行。

山本五十六是长冈人，出生那年父亲正好 56 岁，故以此为名。他个子矮小，双肩宽阔，胸部像个大圆桶，曾参加过日俄战争中的对马海战，在战斗中受伤，丢了两个手指。他在海军中威望很高，办事一丝不苟，却一直与一个艺妓保持着密切的关系。他常常把自己关在旗舰司令长官舱中埋头写什么，不知内情的人以为他在草拟作战计划，实际上他正在给情人写情意缠绵的情书。山本早年曾在美国哈佛大学学习，后来又出任驻美使馆海军武官。他对美国的情况很了解，知道美国工业的强大实力远非日本所能比。他内心深处并不希望日本与美国作战。1940 年他曾告诉一群日本小学生："日本打不败美国，因此日本不应该同美国打仗。"为此他曾反对日本与德意签订三国同盟条约，遭到陆军中一些极端分子的仇恨，因而被上司派往舰队，出海执行任务，以防遭到暗杀。但同时山本又是一

16

个狂热的军国主义分子，一旦日美矛盾激化，他仍会全力以赴投身
自己认为难以办到的事，他就处在这种矛盾的心理之中。山本还具
有一种赌徒的心理，他喜欢打扑克，尤其是打桥牌，有时与人通宵
达旦地打牌，在打牌时喜爱冒险，在用兵方面他也是这样。早在
1940 年上半年，他就有了空袭珍珠港的大胆想法。在一次训练时，
山本看了航空母舰训练后对他的参谋长草鹿说："飞行训练很成功，
我看进攻夏威夷是可能的。突然的致命一击，就能把停泊在珍珠港
内的美国舰队打得不能动弹。在美国重建舰队之前，日本早已占领
了东南亚，并把它的所有资源都拿到手了。" 1941 年刚过，他就躲
在司令部里，铺开海军公文纸，写下他酝酿已久的建议：用飞机编
队将停泊在珍珠港的美国太平洋舰队击沉并封闭港口。

海军军令部内无人不反对这项计划。他们的担心很有道理：出
其不意是取胜的关键，但庞大的舰队如何能横穿太平洋而不露蛛丝
马迹？要避开商业航线取道寒冷的北太平洋，怎能在风暴频仍的冬
季海洋中为舰艇补充燃料？假如偷袭意图被发现，那么整个舰队将
不得不一无所获地撤离战场，可能还要在完全陌生的水域与美国舰
队作战。最重要的是，这一行动的风险大大超过可能得到的好处。

山本毫不让步，他解释：保密完全可以、也一定能够做到，技
术问题可以得到解决。至于发动突然袭击的必要性，他断言，"美国
舰队好比对准我们喉咙的一把匕首，一旦宣战，我军南下行动的纵
深和两翼都将暴露给敌人，极易遭受攻击。"最后山本威胁说，如果
计划得不到批准，他将辞去联合舰队司令职务并解甲归田。军令部
作了让步，军令部总长表示："既然山本君这么自信，还是放手让他
干吧！"草鹿受命制定具体偷袭方案，他感到这简直像一场赌博。如

太平洋战场 二 偷袭珍珠港

果初战失利，将会全盘皆输。他把自己的疑虑向山本提出。山本回答说："我明白你为什么反对，进攻珍珠港的确很困难，但有成功的希望。我希望你停止争论，从今以后努力执行我的决定。"

尽管计划列为绝密，但知道的人还是不少。1941 年 1 月 27 日，美国驻日大使格鲁居然向国务院发了一份电报称："我的秘鲁同事告诉我的一个馆员，他从包括日本人在内的许多消息来源听到，当和美国出现麻烦时，日本军队将动用军事手段大规模偷袭珍珠港。"电报通过国务院转到了美国海军部，海军部官员有点吃惊，格鲁大使居然会这样严肃地对待这种无稽之谈。

为扩大攻击的效果，山本把三支航空母舰战队合并组成有 6 艘航空母舰的第一航空舰队作为机动舰队，由南云忠一中将出任司令。南云性情粗暴，作战凶猛，曾参加过侵华战争，指挥海军炮击上海。为协调偷袭的统一行动，有 3000 小时飞行经验的渊田美津雄中佐被选中担任空袭飞行队的总指挥。

为了偷袭成功，日本海军苦苦练兵。首先，决定将航行路线放在很少有船只出现的北纬 40 度以北太平洋洋面。这条航线风大浪急，为人所忽视，有利于隐蔽活动。对珍珠港进行偷袭的飞行训练，选中日本南端地形酷似珍珠港的鹿儿岛进行。飞行员们苦练低空飞行，飞机飞越一座山，直冲下来挨着大楼飞过，躲过电线杆和烟囱，在飞到码头上空时突然降低高度至 25 英尺，模拟施放鱼雷，然后再贴着水面飞走，把海上的渔民吓得魂飞魄散。这样的训练每天持续不断，飞机引擎的轰鸣声竟使当地渔村的母鸡吓得不敢下蛋。附近城里的老百姓大惑不解，海军到底要干什么？夜里，飞行员围着珍珠港所在地瓦胡岛的模型沙盘，熟悉每艘美国军舰的形状，直到只看一眼就能叫出舰名的程度。珍珠港水浅，如果正常投放鱼雷，就会一头扎进水底。海军的鱼雷专家作了改进，在鱼雷尾部安装木翅，使得鱼雷有一定浮力，不致陷得过深。经过几个星期的艰苦训练，成果相当可观，投弹命中率高达百分之八十。日本海军还研制了一种微型潜艇，准备偷袭时让它在珍珠港入口处用鱼雷攻击军舰。在四国岛海岸，一支海军部队每天早晨驾驶渔船拖着一个像雪茄烟形状的东西出海，四周用帆布盖得严严实实，傍晚返航。训练很神秘，当地渔民十分纳闷，这就是微型潜艇部队的训练。

11 月 5 日，准备工作基本就绪，山本发出"联合舰队绝密一号作战命令"。他把所有飞行队长集中在旗舰"长门"号上，告诉他们偷袭珍珠港的计划。24 小时后他又发布了第二号命令，确定偷袭时间为 12 月 8 日，在夏威夷这一天是 12 月 7 日。

在山本五十六下达作战命令前一年多，已有一个日本下级军官在为偷袭做准备。他就是海军情报部第五科美国科的少尉吉川猛夫。吉川当时 29 岁，身材细长，长得很帅，看起来比实际岁数要年轻。1940 年 5 月的一天，海军军令部的山口大佐来情报部对他说："吉川君，准备派你去夏威夷，主要任务是搜集美国珍珠港的情报。"吉川接受任务后脱去军装，化名森村正，进大学学习国际法和英语，为新的任务做准备。

1941 年 3 月，吉川在横滨搭"新田丸"邮船去夏威夷，公开身份是日本驻夏威夷总领事馆书记官。吉川是个有经验的情报官，刚一到任就开始活动。他身穿绿色西装和夏威夷衫，头戴插着羽毛的夏威夷帽，装作观光客到处走动。他选中一个开阔地窥视珍珠港，整齐排列在海面的美国太平洋舰队的大小舰只，尽收眼底。他不厌其烦地每隔几天就去一趟，把舰只类型和数量悄悄记在黑色笔记本里。

吉川在地面侦察了一段时间后，又穿上印有"Aloha"（欢迎、问候之意）字样的鲜艳衬衣，手挽一位漂亮的日本艺妓，随着游客一起坐上飞机，在瓦胡岛上兜风，从高空观察珍珠港区。有一次他还带上饭盒，混在日本移民劳工队伍中，进港区逛了一天。他用手指弹了一下一个大油槽，看看里面油有多满。还有一回，他说服军官俱乐部的女主人，雇用他为一次宴会当厨师帮手，不过打听到的只是美国人怎样洗盘子。有一天，他坐出租汽车到离珍珠港不远的希卡姆机场，对哨兵说要见一个美军军官，混进了机场，默记下飞机库、飞机的数目和跑道的长度。他从不照相，全凭自己的"肉眼照相机"。

吉川每星期向总领事作一次汇报，然后领事馆将译成密码的情报发往东京。8月以后东京发来加紧搜集情报的密令。不久吉川又故意弄得满脸污垢，头发蓬乱，装扮成菲律宾人，到甘蔗田帮工。从甘蔗田眺望，珍珠港近在咫尺。他在笔记本里按日记下美国军舰情况。9月，吉川在海边钓鱼。他头上包着一块毛巾，脸上露出一副百无聊赖的神情。实际上他在专心致志地调查军事上至关重要的沿海水中障碍物、水流和海岸坡度的情况。

到11月，日本海军派出两名谍报人员来夏威夷向吉川进一步了解情况，其中一人是潜艇专家，化装成邮船上的医生。吉川收到写有97个问题的纸卷，他逐个回答，但对港湾口有无防潜网不清楚。他决定第二天亲自去看一看。等天黑后他穿上运动服，手持钓鱼竿，爬进港口，轻轻地下水，无声无息地划动着，游进航道。他用双脚在水中触摸，什么也没有。一连扎进水里 5 次，都没有碰到防潜网。在他的特务生涯中，这几分钟是最紧张的时刻。11 月 5 日，吉川把这份答卷转交给来人。快临近偷袭珍珠港的一天，吉川在黄昏时又去侦察。突然他睁大了眼睛，嘟囔道："真怪！航空母舰怎么不见了？我上午还看见停在这儿。"

11 月 16 日，袭击珍珠港的机动舰队在日本内海集结。这支舰队包括 6 艘航空母舰、2 艘战列舰、3 艘巡洋舰、9 艘驱逐舰、3 艘油船和 1 艘给养船。航空母舰上载有 360 架飞机。为不暴露目标，机动舰队去日本北部千岛群岛的择捉岛单冠湾会合。在会合地，南云告诉飞行员偷袭计划，并分发美国军舰照片和瓦胡岛附近各岛屿照片。这些法西斯狂徒终于知道自己苦练数月的攻击目标，兴奋异常，情绪激昂。

11 月 26 日清晨，机动舰队出发。在起锚时一个水兵为倒垃圾失足掉进冰冷的海水里，出发推迟了半个小时，也没有把这个倒霉的水兵打捞上来。然后舰队重新起航，舰只依次驶离在晨雾中依稀可见的择捉岛。为了保密，船上所有的垃圾都被储存起来，不再倒掉，空油桶压扁后堆在甲板上。水兵写给家里的信被扣压。在择捉岛基地，发报机仍嘀嘀嗒嗒响个不停，不断拍发没有内容的假电报，给人造成航空母舰仍在港湾的假象。在东京，一批从海军学校调来的学员，在街头东游西逛。另外，为转移美国人的注意力，12 月 2 日日本大型豪华邮船"龙田丸"驶离码头，表面上的使命是去美国撤回日本侨民，实际上这样做是想让美国人感到，日本愿意派这样豪华的船出航看来离战争爆发还有一段时间。而木村船长早已接到指示：途中一旦战争爆发，立即掉转船头返回日本。

在北太平洋上，机动舰队的舰只编队向东驶去，3 艘潜艇为先导，侦察有没有商船。如果发现商船，就靠上去将它们俘获。后来在途中仅遇上一艘商船，这艘船没有向外发报就匆忙远离舰队。12月 2 日夜里，机动舰队收到"攀登新高峰 1208"的隐语电报，意思是"开战日期定为 12 月 8 日，应按预定计划坚决进攻"。

在机动舰队开走后不久，美国驻日海军武官就发现日本海军 6 艘航空母舰下落不明，并把这一消息电告美国驻在夏威夷的太平洋舰队司令金梅尔上将。夏威夷的海军情报机构由此不祥地预感到，日本海军将要有不寻常的行动，但这一情报却没有引起金梅尔的重视。东京曾给驻夏威夷总领事喜多发了一份电报，要喜多（实际上是要吉川）每天报告港口的舰只情况。这份电报被美国情报部门破译，本来从中可以看出其与袭击珍珠港有关，但却不受重视地被压在文件筐的筐底。以前还有一份有关日本将珍珠港地区分为 5 个区域的电报，破译出来后也未加注意，被认为是"日本外交部门用来简化通讯联络的办法"。12 月 6 日罗斯福看到了由美国情报部门破译出的日本政府对美作最后声明备忘录的前 13 部分，罗斯福敏锐地断定："这意味着战争。"他立即要把消息告诉海军作战部长斯塔克，斯塔克正巧在剧院看戏，罗斯福准备等戏散场后再说。他判断日本可能会进攻菲律宾或新加坡，但绝没有想到会进攻夏威夷。而陆军情报局长则认为电报内容"没有多少军事价值"。美国的高级官员在猜测日本人首先会向什么地方进攻时，没有人料到会是珍珠港。

12 月 6 日这一天在瓦胡岛上，驻夏威夷的美国海陆两军司令金梅尔和肖特根本未想到他们的防地珍珠港会遭到空袭。有人报告日本总领事馆每天都在烧文件，他们知道后都认为这很正常，没有必要发出戒备令。他们只计划在第二天星期天早晨派少数飞机去进行例行巡逻，高射炮也只留少数人值班。当天晚上，金梅尔早早地上床，第二天上午他要与肖特将军打高尔夫球，以消除人们所传他们互不说话的流言。

就在日本偷袭珍珠港前几个小时，美国海军作战部长斯塔克看到了被破译出的日本政府最后声明全文，包括推迟发出的最后一部分。内容为宣布中止谈判，也就是实际上的断交。东京还要求日本大使在下午一时将最后声明送交美国政府。有人建议斯塔克给金梅尔打个电话。但斯塔克觉得自己曾在11月27日发出过一份"战争警报"，已足以使金梅尔保持警惕了，况且珍珠港遭袭击的可能性也不大，于是就给总统打了个电话想通报情况，但未打通。陆军参谋长马歇尔在11月7日快中午时看到这份有关日本政府最后声明的电报，神情紧张，连忙给驻太平洋地区各地的陆军司令起草了一份急电，通知他们，日本人将在今日东部标准时间下午一时递交一份等于是最后通牒的文件，使馆还得到命令立即销毁密码机，其含意不明，请务必戒备。这份标有"特急—密件"的电报分别发往巴拿马运河、菲律宾、夏威夷和旧金山。其他地方都得到了这个至关重要的警告，唯独由于大气状况不好，发往夏威夷的电报却没有打通，于是就委托与夏威夷有海底电缆联系的西联电报公司发出，结果因没有标明"急件"而被耽误。这份电报后来在珍珠港遭空袭后才被拆开。由于种种阴错阳差的原因，珍珠港的美军始终没有得到能震动他们的警告。根据战后多年之后当事人的回忆，当时中国政府曾搜集到日军计划偷袭珍珠港的情报，并及时转送给美国。战时中国的日本问题专家王芃生主持国际问题研究所，负责收集分析对外的战略情报。他曾在半个月前就提出警告，但这一来自中国的警告显然未被当作一回事。

12月6日夜幕降临时，日军机动舰队的潜艇队慢慢逼近瓦胡岛，其中有5艘潜艇背上都载有一艘两人操纵的微型潜艇。这些小潜艇预定要事先潜入航道，等到空袭开始后再浮出水面用鱼雷攻击敌舰。这种做法相当危险，后来在战斗中它们都未返回，也没有获得什么战果。

12月7日（星期日）天快亮的时候，机动舰队的航空母舰行驶到离珍珠港约200海里的出击地点。山本五十六发来训令："皇国兴废，在此一举。望我军将士，不怕流血牺牲，各尽天职，以告大成。""赤城"号航空母舰上升起了"Z"字旗。这一训令和这种旗子都是在对马海战中海军名将东乡平八郎使用过的。这时航空母舰的飞行甲板上，排满了双翼展开的飞机，引擎轰隆隆响个不停。有的飞机带着大量炸弹，有的挂着鱼雷，鱼雷铅灰色的外壳闪着寒光。参加第一次攻击的43架战斗机、49架高空轰炸机、51架俯冲轰炸机和41架鱼雷轰炸机从航空母舰摇摆不定的甲板上依次起飞，组成一个庞大的机群向珍珠港飞去。水兵们挥动着手臂、帽子、小旗为飞行员送行。

大战即将爆发，在珍珠港的美军发现了一些蛛丝马迹。在港口入口处的一艘美国驱逐舰发现海面上有潜水艇的锥形塔，立即开炮，炮弹命中，潜艇下沉，驱逐舰又投放了深水炸弹。这件事被舰长报告上去，金梅尔的参谋长厄尔上校知道以前有过十几次潜艇警报，结果是一场虚惊，于是就只让舰长再去核实一下。12月7日清晨，住在夏威夷的一个美国人正在教儿子驾驶飞机。在空中他突然发现两架涂有太阳标志的日本飞机向他飞来，便急忙向军方报告，但无人相信他。在这同一时刻，瓦胡岛北端奥帕纳雷达站的两名新兵在雷达屏幕上发现，该岛东北13海里外出现大量飞机。他们当即向基地紧急报告：大批日本飞机前来偷袭。得到的回答却是值班中尉泰勒的一番嘲笑，指责他们连谁的飞机都分不清。泰勒知道有一队从美国本土起飞的轰炸机在这一天要飞来夏威夷。这两个新兵只能眼睁睁地看着这些飞机飞近，又在雷达屏上消失。这时岛上的机场飞机都停在跑道上，为了防止破坏，所有飞机都机翼对机翼紧靠在一起。珍珠港内一片宁静，经过周末的狂欢之夜后，许多军官还没有起床，电台播放着轻音乐，教堂敲响了钟声。

在空中，率领庞大机群气势汹汹飞来的渊田在座机里通过话筒向飞行员喊道："密切注意左侧瓦胡岛上空，提防敌战斗机。"这时，珍珠港两侧山峰上，云团簇拥，但在宽阔的军港上空，却云层稀疏，阳光明亮，斜射的光线把蔗田染成一片浓绿。港内大大小小的舰艇静静地停泊在码头。渊田举起信号枪，打开防风盖，向机舱外打了一发信号弹，命令飞机展开攻击，机群依次散开。

7时53分，渊田按约定让电讯兵连续发出电码，"托拉，托拉，托拉"，日文意为"虎，虎，虎"，表示"我们奇袭成功"。因为美航空母舰不在港内，鱼雷轰炸机便朝停泊在港湾内的战列舰飞去，一架架飞机像"蜻蜓下卵一样"把鱼雷扔下去，然后升上高空飞走。几十秒钟后，在震耳欲聋的爆炸声中，战列舰"俄克拉荷马"号舰身中弹，左右剧烈晃动向水中倾斜。在爆炸声中，珍珠港的信号塔立即向司令部报警。上午8时整，金梅尔向华盛顿发出无线电报，"珍珠港遭到空袭，并非演习"。紧跟着鱼雷轰炸机的是高空轰炸机。

偷袭珍珠港

一枚穿甲弹穿过甲板钻进"亚利桑那"号的燃料舱，引燃了舰上的弹药，顷刻间如火山爆发，战舰裂为两半，几分钟后葬身海底，海面上只剩下燃烧的大片油迹，舰上1500名官兵无一人生还。各舰上的官兵纷纷跳海逃生，海上满是烧着的油，不少人就在这片火海中被烧死。

7时55分，高桥少佐率领51架俯冲轰炸机飞临希卡姆机场上空，一阵狂轰滥炸。机场上顿时浓烟滚滚，烈火熊熊，跑道上的飞机被炸成一堆废铁。机场上的弹药库也中弹爆炸，一阵巨响声中黑红色的烟柱窜到半空，正在食堂吃早饭的飞行员和地勤人员被餐具撞得鼻青脸肿。接着夏威夷群岛中部的福特岛机场和对面远处的惠勒机场也硝烟弥漫，爆炸声、警报声响成一片。在很短时间内，夏威夷群岛的美国空军就基本陷于瘫痪。失去飞机的飞行员只能拔出手枪，躲在树后对日本飞机射击。只有少数几架飞机强行起飞，不久就被日本性能良好的零式战斗机击落。

第一次攻击刚结束，第二批攻击机群又向瓦胡岛逼近。这次总共动用了俯冲轰炸机80架，高空轰炸机54架、战斗机36架。机群扑向战列舰，首先攻击"宾夕法尼亚"号，几分钟后战舰爆炸起火，舰桥舰首被炸坏。"加利福尼亚"号在弹雨中熊熊燃烧，烧了3天后终于沉没。"西弗吉尼亚"号被炸弹和鱼雷击中沉没。已经报废的靶舰"犹他"号的甲板上铺满了木板，从空中看很像一艘航空母舰，引得飞机都来进攻，结果中多枚炸弹和鱼雷而沉没。板谷少佐指挥的战斗机疯狂地对地面扫射，地面一片狼藉……在空袭中，瓦胡岛上的32个高射炮连只有4个来得及对空射击，但作用不大。这次攻击持续了几十分钟。

空袭开始时，金梅尔正在山间别墅前等车，战舰爆炸的气浪把他撞到柱子上，他这才如梦初醒，意识到日军真的发动袭击了。金梅尔举目望去，到处是浓烟、火海和爆炸。他痛苦地看到，被炸毁的舰只东倒西歪，他自己的旗舰也在火舌中挣扎。碧蓝的海水染成一片黑红。偷袭给金梅尔本人也带来了厄运，事后他因失职被解除职务。

上午 9 时多，飞机开始陆续飞回航空母舰，只留下渊田一架飞机在空中盘旋评估战果。渊田最后返回航空母舰。他走上舰桥向南云报告：至少击沉 4 艘战列舰，重创 4 艘，机场是一片火海。渊田请求南云同意立即发起第三次攻击，集中力量攻击油库。他说岛上的空军已被摧毁，再次攻击只要对付高射炮就行了。但南云却满足于已取得的战果，担心他的舰队的安全。他认为美国的航空母舰还在海上游弋，而他的舰队是日本海军的命根子，不能用来冒险，于是决定按计划行事，除战斗机外其他飞机一律入库，全舰队返航。

在夏威夷西北方的中途岛，12 月 8 日下午，两艘日军驱逐舰炮击了岛上美军的机场和油库，造成一些损失，目的是打击美军的空军基地，为机动舰队的返航提供安全保证。

在珍珠港，经过核查，发现有 18 艘舰只沉没或受重创，188 架飞机被毁，159 架飞机炸坏，美军死亡 2403 人。被击沉的"加利福尼亚"号和"西弗吉尼亚"号战列舰后来被打捞出来，修理好，重新服役。幸运的是，航空母舰出海躲过了厄运，油库和潜艇库未被破坏。如果油库被炸毁，那么太平洋舰队就只得撤出夏威夷回美国本土西海岸去了。日本损失飞机 29 架、微型潜艇 5 艘，飞行员死 45 人，潜艇驾驶员死 9 人，被俘 1 人，他成为美军的第一个日本战俘。

停泊在珍珠港的美国军舰遭空袭

后来日本海军追认阵亡的潜艇艇员每人晋升两级。

在日本国内柱岛海军基地，正在"长门"号旗舰上指挥作战的山本五十六得知胜利消息后强作镇定，但脸上难以掩饰兴奋的神情，他周围的参谋军官们都在握手相庆，欣喜若狂。这时，美国太平洋舰队乱作一团，都顾不上保密，电报全用明码拍发。"长门"号上的电讯室也收到了这些电报："所有舰只速离珍珠港。""并非演习！""消息绝对可靠。"参谋军官们竞相嘲笑美军的慌乱，山本听了有一种说不出的快感。

12月8日上午，日本大本营发布了宣战公告："帝国陆海军于今日清晨在西太平洋与美英军进入战争状态。"中午又发布了第二号公告："帝国海军于今日清晨对夏威夷方面的美国舰队和航空兵断然实行了决死大空袭。"

美国遭到了有史以来最惨重的军事打击，但美国这个工业的巨人却因受到日本的刺激而惊醒过来，开始全力以赴地投入战争。美国人民提出"不要忘记珍珠港"的口号。事件发生后的第二天下午，美国国会议员和最高法院法官集中在众议院大厅开会。罗斯福总统身披深蓝色海军披风大声宣布："昨天，1941年12月7日，一个将永远负着耻辱的日子，美利坚合众国突然遭到日本帝国海空军的蓄意进攻。""我要求国会宣布，自1941年12月7日日本无端和怯懦地发动进攻开始，合众国和日本帝国之间就已存在着战争状态。"在表决时除一位女众议员、极端的和平主义者兰金反对外，大家都投票赞成罗斯福的宣战特别咨文。美国宣布对日本进行全面战争。随后中国、英国、加拿大、澳大利亚、荷兰等20多个国家也对日本宣战。太平洋成为世界上最大的战场。

三

凶猛南下

　　当珍珠港遭到空袭时，驻扎在台湾南部的日本第11航空舰队的飞行员正守候在飞机旁度过了一个不眠之夜。他们在等待浓雾消散后起飞，去轰炸远在500英里以外的菲律宾群岛上的美国空军基地。时间在一分一秒地过去，凌晨6时从广播里传来消息："注意，有重要战报！"一时间，联合舰队对珍珠港成功袭击的消息使日本飞行员们沉浸在一片欢腾雀跃、欣喜若狂的气氛中。但是这个捷报也给他们带来了危险，美国人已从酣梦中惊醒，再不会毫无防备，而且肯定会养精蓄锐，等日本人来犯而一举予以歼灭。更为糟糕的是，美国人可能会利用大雾耽误日本飞机起飞之机，出动轰炸机北上将日本飞机就地摧毁。

　　浓雾消散了，但天空中却不见来袭美机的踪影。12月8日上午10时45分，108架日本轰炸机和84架零式战斗机腾空而起，朝南径直向菲律宾北部最大的岛屿吕宋岛飞去。日本人断定他们肯定会遭到严阵以待的美军顽强抵抗，但结果却让他们喜出望外。空袭位于菲律宾首都马尼拉西北克拉克美军轰炸机基地的零式战斗机飞行员三郎坂回忆："眼前的一切让我们难以置信，我们没有遇到预想中向我们攻击的美军战斗机。相反当我们俯视机翼下方时，看到的却是一组活靶子，整整齐齐排列在机场跑道上的 60 架轰炸机和战斗机。"

当日本轰炸机从高空掠过机场时，地面美军防空火炮开火，但根本够不着日机。只有少数几架美国战斗机升空迎战，然而为时已晚。"攻击进行得很成功，炸弹一连串地从弹舱落向目标，整个基地仿佛要在隆隆的爆炸声中升上天空。飞机库和其他地面设施的碎块残片被炸得四处纷飞，地面一片火海，熊熊烈焰冲天而起。"紧接着，战斗机俯冲下来猛烈扫射。不一会参加攻击的日本飞机返航。飞行员们兴奋异常又困惑不解，"敌人这是怎么了？看上去他们好像根本不知道战争已经开始"。

他们不是不知道。当时在菲律宾的美军最高指挥官是 61 岁的麦克阿瑟。麦克阿瑟 1935 年从陆军退役，只是在 5 个月前重新在军队服役，出任驻远东美军司令。当天凌晨 3 时 30 分，麦克阿瑟就知道珍珠港惨遭袭击。当时一名军官从短波收音机中听到这个消息后就立即向上报告。早晨 5 点钟，华盛顿方面证实了这个报告。事实上，早在 11 月 27 日麦克阿瑟就曾收到华盛顿发来的"战争警告"——日本人有可能发动攻击。就在不久前，吕宋岛上有人曾目击日本飞机凌空飞过。尽管情报官员怀疑吕宋岛是否会在驻台湾日机的攻击范围之内，麦克阿瑟还是下令把 35 架四引擎 B—17 轰炸机从克拉克空军基地转移到南部棉兰老岛更为安全的机场。然而和珍珠港遭袭击前一样，驻菲律宾的美军同样对迫在眉睫的战争危险毫无觉察。战争爆发时仍有一半的 B—17 轰炸机留在克拉克机场。

驻菲美军远东空军司令布里尔顿少将得知日本偷袭珍珠港的消息后，便立即主动请战，要求先发制人出动他的轰炸机去攻击日本在台湾的航空兵基地。但布里尔顿没有足够的台湾地图，更没有航空侦察照片，他的被称为"飞行堡垒"的B—17轰炸机自卫火力和速度都不理想。同时，由于路途遥远，B—17轰炸机必须在没有战斗机护航的情况下出击。尽管有这些问题，他仍然认为能给日本人以沉重的打击。布里尔顿向麦克阿瑟的参谋长打电话请战，几小时后有了答复，麦克阿瑟不同意，认为这样做没有意义。为防备日机袭击，布里尔顿命令克拉克基地的B—17轰炸机起飞升空。10时刚过，麦克阿瑟改变了主意，同意轰炸机北上轰炸。布里尔顿于是命令飞机回机场加油。中午2时20分左右，在机场上准备起飞的飞机整整齐齐排列成一排。机组人员正在一边吃饭，一边研究仅有的几张台湾地图。电台里正在广播："据未经证实的消息，日军正在轰炸克拉克机场。"大家听了哈哈大笑。笑声未落，日军轰炸机突然飞临克拉克机场和附近的伊巴战斗机机场。

空袭造成的损失是惊人的。18架B—17轰炸机全部被炸成碎片，53架战斗机和30架其他飞机也被炸得支离破碎。80人丧生，150人受伤。具有讽刺意味的是，在被炸毁的地面设施中竟有一套雷达系统，它完全可以对这次袭击做出报警，只是尚未完全安装好。在战争开始的第一个小时里，麦克阿瑟的空军就损兵折将几近半数。而日军只损失了7架飞机。驻菲律宾的美军经历了一场被称为"珍珠港第二"的浩劫。

日本人还准备让美国人蒙受更大的耻辱。克拉克基地上空硝烟消散后的一个星期天，小股日军在吕宋岛的南端和北端登陆。由于这些只是牵制性进攻，麦克阿瑟未把主要地面部队调来，只从所剩不多的飞机中抽调了一些来攻击日军的运输船。这些飞机扔完炸弹就飞向澳大利亚。

日军对菲律宾的主要进攻是 12 月 22 日拂晓发起的。指挥日军入侵菲律宾的本间雅晴中将是个业余剧作家，曾当过宫廷侍从官，没有多少作战经验。他率领的第 14 军 43000 人涉水登上了马尼拉以北长满棕榈树的林加延湾海滩。14 军所辖各师团曾参加过侵华战争，身经百战，装备有坦克大炮。东京大本营限令本间在 50 天内拿下吕宋岛。

作为美菲联军司令，麦克阿瑟完全可以投入多出本间所部两倍的兵力来与之对抗，但他全部人马中有 10 万是新列入编制的菲律宾预备役部队。这些人只受过简单训练，装备素质均较差，据说他们唯一干得不错的就是敬礼。麦克阿瑟的副手温赖特称他们为"一群乌合之众"。麦克阿瑟手下的精锐部队是美军菲律宾师和 1200 人的青年军。他所能依赖的大约只有不到 3 万人的正规部队。

日军登陆后遭到温赖特的北吕宋部队的抵抗，但他指挥下的几支菲律宾部队几经顽强奋战，最终仍不能抵挡日军的凶猛攻势。至夜幕降临时，以坦克打头阵的日军各路纵队已打开了通道，直向马尼拉杀来。北吕宋部队全线溃退。本间率部队登上林加延湾海滩前，另一支约一万人的日军已袭击了位于马尼拉东南 70 英里处的拉蒙湾。这样一来，两支日军纵队有如铁钳一般将马尼拉市紧紧夹住。在北部，温赖特曾试图凭借阿格诺河这道天然屏障，设法拦击进犯之敌，但日军精锐的第 48 师团在大炮和坦克掩护下很快突破了防线，温赖特带着人只能继续撤退。

　　面对这种兵败如山倒的局面，刚被恢复四星上将军衔的麦克阿瑟苦苦向华盛顿求援。他发出警告，除非援军到达，否则整个西南太平洋地区将会陷落。但太平洋彼岸的美国陆军参谋长马歇尔却贯彻"欧洲第一"的方针，把主要兵力和军备用于欧洲和北非地区对德国作战，对远东地区无兵可派。对此困境，麦克阿瑟还有一个办法。12 月 23 日他决定实施一项早已拟就但一直被束之高阁的应急计划——"桔—3 号作战计划"：将吕宋岛的全部守军撤至巴丹。巴丹是一个长 40 公里、宽 32 公里的半岛，与科雷吉多尔岛隔海相望。这个密布葱茏丛林、到处是峭壁深沟的半岛，恰好把马尼拉湾同南中国海隔开。按这一计划，马尼拉不设防，但美菲部队可以据守在扼马尼拉湾出入之咽喉的科雷吉多尔岛上，使马尼拉港对敌人毫无用处。在那里坚守 6 个月以等待援军。用麦克阿瑟自己的话来说，就是"让他拿去瓶子，可瓶塞捏在我手里"。

　　由于运输部队没有足够能力来承担规模如此浩大的撤退任务，于是马尼拉街头那些描金绘彩、花花绿绿的公共汽车也被紧急征用，满载着士兵、食品和弹药向巴丹开进。色彩鲜艳、花枝招展的公共汽车混杂在草绿色的军车队伍中，同有钱人仓皇逃难搭乘的轿车以及慢悠悠的牛车挤在一起，速度很慢。

　　在部队撤往巴丹的同时，麦克阿瑟着手将他的指挥部迁往科雷吉多尔。在一个阴沉暗淡的黄昏，麦克阿瑟带着幕僚，还有他的妻子简、4 岁的儿子亚瑟和来自中国的华人保姆一同登上一艘来往于各岛之间的渡轮。这时，从远处的海边传来爆炸声，那是士兵们在炸毁加油站和仓库，以防其落入日本人之手。在马尼拉南面的卡维特海军船坞，近 100 万桶石油被付之一炬，冲天的火舌映红了夜空。

36

麦克阿瑟命令帕克前往巴丹，准备这个岛的防务。在后来的一个星期里，温赖特在撤往巴丹的途中组织了一场阻击战，最终在元旦这一天，南吕宋部队全部撤过邦板牙河，并赶在日军到来之前几小时炸毁了河上的桥梁。本间指挥下的日军行动迟缓，帮了麦克阿瑟大忙。麦克阿瑟在吕宋岛上的大部分人马平安撤退到巴丹，但有几支小部队在撤退途中被敌人切断，只得分散钻进深山密林里去打游击。而成千上万菲律宾后备军人则干脆脱去军装，解甲归田。

1月2日，日本人轻而易举地占领了马尼拉。当天傍晚，在美国驻菲律宾高级专员署前的草坪上，一队日军护旗兵集合在枝繁叶茂的洋槐树下。一个日本兵把星条旗扯下来，踩在脚下。当军乐队奏起日本国歌《君之代》时，一面太阳旗在隆隆的礼炮声中升起。热衷于胜利者仪式的本间不把退却中的美菲军当一回事，失去了追击的好时机。奉本间的命令，日军将美英两国平民集中关押在拘留营中，他们在里面遭受了几年的折磨和苦难。

与此同时，15000名美军和65000名菲军正在巴丹构筑工事。他们面临的形势很严峻。巴丹储藏的粮食只够10万人吃一个月，而眼下半岛上挤满了8万士兵和两万多难民。如果长时间被围困，粮食弹药都将不足。最糟的可能要算药品的匮乏，尤其缺当时治疗疟疾的特效药奎宁。巴丹的热带雨林潮湿异常，蚊子到处都是，是疟疾流行的温床。没过多久，就有几千名士兵开始感染疟疾，怕冷怕热，纷纷倒下。剩下的B—17轰炸机早已转移到澳大利亚，规模不大的美国亚洲舰队也因受不了没完没了的轰炸而撤至爪哇。

为防御敌人的进攻，麦克阿瑟将大部分人马沿巴丹半岛20英里长的颈部地带展开。温赖特带一支部队把守地形陡峭复杂的西岸，另一支部队在帕克将军指挥下沿遍布沼泽的东岸展开。两支部队被横亘在中间的纳蒂布山分隔开来。这座山高 4200 英尺，坡陡林密，到处是犬牙交错、难以逾越的深沟。

东京的大本营坚信拿下巴丹很容易，作战只是风扫残云，于是不顾本间反对，将精锐的第 48 师团调去攻打爪哇岛，而新调来补充的第 65 旅团中多数是集中受训仅一个月的预备役老兵。有人告诉旅团长奈良中将，巴丹半岛上最多只有两万多毫无斗志的守军，只要炮声一响，他们一定会拔腿就跑。

1 月 9 日，日军发起攻势，一阵集中的大炮轰击震撼了半岛北端。帕克的阵地首先受到炮击。1 月 11 日日军步兵发起进攻，在一阵歇斯底里的喊叫声中冲向美菲军阵前布满钩刺的铁丝网。一些日本兵把身体搭在铁丝网上，后面冲上来的士兵就踩着他们翻过铁丝网。但第一次攻击遭到惨败，几百具血肉模糊的日军尸体横陈阵前。

艰苦的战斗持续了两个星期之久，双方各有胜负。两军都动用大炮坦克，但制空权在日军手中。最后本间动用两个最精锐的团沿纳蒂布山的崎岖山坡向半岛中央挺进，插入温赖特和帕克两军的侧翼，形成了切断其退路之势。麦克阿瑟于是下令撤到巴丹半岛中部的一条新防线。撤退的组织工作极其混乱，成群结队的士兵在山上夺路而行，或是在丛林的深沟中艰难爬行。公路上挤满了残缺破损的各种车辆和筋疲力竭的士兵。1 月 25 日，担任后卫的美军士兵终于跌跌撞撞地爬进新阵地，一个个蓬头垢面，衣衫褴褛，"毫无表情，如同行尸走肉一般"。

即使在往后退却时，美军后方也遭到新的威胁。日军在巴丹半岛西南角实施两栖登陆。这一带无重兵防守，只有一支由水兵、海军陆战队、丧失了飞机的飞行员和菲律宾保安队组成的杂牌军。青年军被调来紧急支援这些危险地带，阻止了日军的登陆，并一步步将入侵者赶下海滩。有些日本兵在海边的峭壁上挖洞藏身，但最终被近海的鱼雷快艇以及青年军从崖顶投下的爆破筒消灭。在美军新的正面防线上，日军马不停蹄地猛攻，期望一举攻破防线，而不给对手以喘息之机。在密不透光的幽暗丛林深处，战斗变成了近距离的白刃战。日军由一个团组成的木村支队求胜心切，企图穿越温赖特拉得过长的防线，不料陷入了重围。被困日军组成环形防御阵地反扑，而温赖特则将敌一分为二，将其一部逐步合拢围歼。另一部分日军在吉冈大佐带领下从丛林中杀出一条血路逃了回去。冲破温赖特防线的 1000 多日军只有 378 人生还。

美军的顽强抵抗终于使本间相信，他只能放弃进攻。他受命在 50 天里占领菲律宾，但已过去 50 多天，他却在巴丹损兵折将 7000 多，另外有一万多人患上了疟疾、痢疾等病，而美军仍牢牢占着半个巴丹半岛。本间将精疲力尽的部队后撤，请求大本营增援。在随后两个月的停战对峙中，美菲军加强了工事，布设了雷区，布置好剩余的大炮，等候敌人再次攻击。然而，这一次主要的敌人不是日本人，而是一天天削弱麦克阿瑟部队战斗力的疾病和营养不良。奎宁用完，食品供应紧张，使坚守在工事里的官兵饿得皮包骨头，连军马都杀光了。

日军没有足够的力量发起进攻，但他们却靠各种非常规战术发起了骚扰战。他们分成两三人一小股潜入美菲军阵地后方，在丛林中集结后去袭扰破坏敌人后方，诸如伏击巡逻队、焚烧军用仓库、偷盗粮食和武器。露营的士兵经常是一觉醒来，发现身边的伙伴已

麦克阿瑟

惨死。

在日本人进攻受阻的日子里，美国人的士气曾一度十分高涨，大家传说有一英里长的增援船队马上就要开到。一个星期又一个星期过去了，希望一次次落空，官兵的士气日渐低落，趋于绝望。饥饿、疾病、空袭消磨着斗志，使绝望感一天天加重。2月23日，罗斯福总统通过无线电发表了意在鼓舞守岛将士斗志的讲话。然而由于他强调巴丹战场得不到美国本土的增援，反而使巴丹半岛的险恶局势明朗化。在阵地上，士兵们编了一首伤心的歌：

> 我们是巴丹的苦兵卒，
> 没有妈，没有爸，没有山姆大叔，
> 没有婶，没有叔，没有侄儿侄女，
> 没有枪，没有飞机和大炮，
> 可是没有人在乎！

此时的麦克阿瑟正在筑有坚固工事的科雷吉多尔岛上，处境比较安全。他手下那些饥肠辘辘的士兵嘲笑他是躲在防空洞中的怕死鬼。他在这种时候要离开菲律宾，会使他与士兵们在感情上更加疏远。但华盛顿方面不希望有个美国陆军上将成为日本人的俘虏，一直要麦克阿瑟离开菲律宾，然而都遭到他的拒绝。2月22日，罗斯福与马歇尔和海军部长联名直接命令他赴澳大利亚担任美军司令，美军将在那里集结反攻。麦克阿瑟曾考虑辞职，以志愿人员身份留在菲律宾，但最后还是服从了命令。3月10日，他招来温赖特，告诉温赖特他准备受命撤离，并授权温赖特指挥吕宋岛全部美军。麦克阿瑟说:"如果我能到达澳大利亚,只要可能,我会尽快回来,能带多少部队就带回多少。我回来时如果你还在巴丹,我提升你为中将。"

第二天傍晚,麦克阿瑟与家人登上鱼雷快艇,躲开日军的巡逻艇,到达棉兰老岛,从棉兰老岛又坐一架 B—17 飞机飞往澳大利亚的达尔文。在澳大利亚,他收到马歇尔的一份电报。马歇尔告诉他,美国没有向澳大利亚派出军队,也没有运去坦克和重武器。麦克阿瑟发现,盟军在澳大利亚的 250 架飞机在日军的打击下正一架架化为碎片。澳大利亚已是风雨飘摇,朝夕难保。就是在这样的情况下,麦克阿瑟对外宣读了一份内容简短措辞强硬的声明,声称他来澳大利亚是为了组织美军反击日本人。他的最后一句话后来成为军事史上的一句名言:"我来了,但我还将回去!"

在菲律宾,温赖特担任了驻菲美军司令,并晋升为中将。这时巴丹的困苦危难一天天加重。到 3 月底,原来的 8 万守军中还有战斗力的只剩下不到四分之一,大多数都病倒了,或饿得半死,每天有上千人染上疟疾。粮食定量早已减去一半,而且仍在不断减少。有的时候,指挥官们不得不制止士兵以动物尸体上的腐肉充饥。华盛顿在尽力恢复对菲律宾守军的供应,但成效甚微。日军夺取了菲南部的主要基地,从澳大利亚至荷属东印度群岛的航线上,日军舰只在巡逻游弋。尽管美国海军煞费苦心,有时甚至企图冲破日军的封锁线,但最终抵达菲律宾群岛的只有 3 艘补给船。有时会有一两艘潜艇载着食品或军火在棉兰老岛或科雷吉多尔岛浮出水面,那些自称巴丹岛上"苦兵卒"的美军官兵基本上只能靠自己。

同时日本人正在恢复元气,受到重创的本间第 14 军补充了 2 万多人、150 门野战炮和 60 架轰炸机。他指挥的部队接连受挫,东条首相很不高兴，处处都在奏捷，只有菲律宾除外。东京撤换了他身边的高级幕僚，派来了参谋军官，以显示对他战绩欠佳的不满。

4月3日清晨，日本人先用飞机大炮进行了长达5小时的狂轰滥炸，这是开战以来最为猛烈的一次。紧接着坦克和步兵向美军防线的中央发起了大规模的攻击，炮火引燃了茂密的灌木丛，不少人被烧死，侥幸逃生的人拼命向后退。在日军空前疯狂的猛攻面前，美菲守军被打得晕头转向，阵脚大乱，不得不且战且退。第二天轰炸炮击重新开始，将美军苦心构筑的建筑工事切成碎片。4月5日复活节这一天，日军夺取了萨马特山高坡。这一地点居高临下，山下的战场尽收眼底，菲军两个师的人马全军覆没，帕克将军所部面临被赶下马尼拉湾的绝境，整个防线动摇。接替温赖特任巴丹守卫指挥官的爱德华·金想将为数不多的后备人员的大部分投入孤注一掷的反攻，然而疲惫不堪、缺枪少弹的美国人根本不是日本人的对手。夜幕降临了，从前线溃退下来的美菲部队挤满了崎岖的山路，步履蹒跚地向南撤去。日军坦克和步兵紧随其后，穷追不舍，零式战斗机犹如死神，一遍又一遍疯狂扫射。美军全线崩溃，爆破小组开始销毁剩余弹药，将油库付之一炬。温赖特从科雷吉多尔岛向巴丹下达了最后一次反击的命令，但爱德华·金难以执行。金的部下菲律宾第一兵团司令琼斯毫不掩饰地拒绝说："任何进攻都是荒谬的，不可能的！"

4月9日上午11时，金少将在日军中山原夫大佐面前的一张桌子前坐下，请求日军暂停进攻12小时，以便美军救助伤员。中山冷冷地拒绝了，于是已临山穷水尽一脸倦容的金解下腰间的手枪，放在桌上。至此巴丹半岛上剩下的76000人全部缴械投降。后来这7

万多人被迫长距离步行去战俘营，在路途上因条件恶劣，有近万人丧生。这就是有名的"巴丹死亡行军"。

在科雷吉多尔岛上，温赖特还在紧握着这个瓶塞不放。岛上的"马林塔工事"是用钢筋水泥精心构筑成的地道网，十分坚固。这座工事设备齐全，是集参谋部、通讯中心、弹药库、医院和掩体于一身的综合性工事。岛上有海岸炮和其他大炮56门，旁边3座小岛上还有大型的14英寸炮。巴丹易手后，日军倾巢出动，全力攻打这些岛屿。在近一个月时间里，科雷吉多尔岛的一万多美菲军遭到几乎不间断的炮击。日军的100多门大炮夜以继日地炮击美军阵地，炮弹密集，以致幸存者回忆说，向我们轰击的似乎不是加农炮，而是一些巨大的机关枪，我们好像住在靶心。"马林塔工事"的水泥墙经此打击也出现了裂缝。岛上的炮群大都暴露在日军的空中和地面炮火下，一门门被摧毁成为废铁。

疲惫、饥饿和无休无止的狂轰滥炸折磨着美菲官兵。一位幸存者这样写道："持续不断地遭炮火袭击，毁灭与死神的降临急剧改变着人们的价值观。我们但求活一天算一天。我们渴望能吃上一顿饱饭，洗上一次澡，在炸弹炸不到的地方美美地睡上一觉。"

5月2日，科雷吉多尔岛上的最后一门大炮将炮口对准自己的弹药库，弹药库在一声山崩地裂般的巨响声中变成黑红的火焰升上天空，整个要塞都在震颤。3天后，本间的部队终于上了岛，仅4个小时就推进到"马林塔工事"面前。坦克轰隆隆开上来，日军的大炮瞄准了美国人在岛上的最后一道防线。

5月6日，温赖特致电罗斯福总统："我怀着极度痛苦但并非惭愧的心情向您报告，今天我将不得不为马尼拉设防诸岛屿的投降条件做出安排。"他又电告远在澳大利亚的麦克阿瑟："我一直在竭尽全力为您奋战，从林加延湾到巴丹，再到科雷吉多尔。"

当天在一面白旗引导下，温赖特徒步去见本间，安排科雷吉多尔岛上美菲军的投降事宜。本间坚持不仅科雷吉多尔岛，整个菲律宾群岛都必须向他投降，并让温赖特返回。温赖特痛苦万分，他知道驻守在棉兰老岛和其他岛屿上的美菲部队并未被打败，甚至还在作战斗到底的准备，如果守不住，他们将上山打游击。但温赖特明白，如不停火，隐藏着众多护士、伤员和平民的工事必然变成一座尸横遍地、血流成河的屠场。最后他还是答应本间全体投降。第二天温赖特在马尼拉通过日本人的电台向菲律宾各岛屿守军指挥官发出了投降令，还派人去各地传达。在随后的6个星期中，这些岛屿一个接一个举起了白旗。

菲律宾被全部攻占后，本间因战绩不佳被解职，奉命返回日本并被迫退伍。战后他因"巴丹死亡行军"被判死刑。

按照战前精心制订的作战计划，日军还进攻了美国在太平洋的前哨阵地关岛和威克岛。

关岛位于马尼拉以东1500英里的马里亚纳群岛，是泛美航空公司班机的一个中途站。1938年有人曾提出一项加强美国在太平洋上一些岛屿的防御，把这些岛屿建成第一流的空军和潜艇基地的计划。结果国会未批准这一建议，其中部分原因是怕惹恼日本。颇有讽刺意味的是，当时日本却马不停蹄地在它所占太平洋中部的岛屿上掘壕筑垒，准备一战。

1941年12月8日太平洋战争爆发时，驻守关岛的只有一支象征性的守军，包括427名海军士兵，247名地方部队的士兵。所装备的武器只有 170 条步枪，屈指可数的几挺曾在第一次世界大战中用过的机关枪。而日军为攻占太平洋中的岛屿却组建了强大的南海支队。关岛的末日骤然降临。12 月 10 日午夜后数小时，5400 名日本海军陆战队员和步兵踏着刺骨的海浪冲上沙滩。拂晓时他们已逼近总督官邸，同美军进行了短时间的交火，美军死 17 人，日军 1 人丧生。凌晨 5 时 45 分，当火红的太阳从太平洋的万顷碧波中升起时，几声汽车喇叭声宣告了美国人停火。守岛美军指挥官麦克·米林上校向日军缴械投降。

下一个轮到威克岛。这个位于夏威夷以西 2300 英里的环礁由 3 个小岛组成。1941 年在战争即将爆发时美国海军才开始把威克岛变成一个军事基地，扼守通往西太平洋的航道。当海军上校坎宁安 11 月就任该岛指挥官时，他看到有 1200 名民工正在挥汗如雨地修筑飞机跑道，疏浚环礁湖中的沟渠。

日本偷袭珍珠港那天，岛上有 447 名海军陆战队员，指挥官是德弗罗少校。还有 12 架"野猫"战斗机，这种战斗机在速度和机动性方面都比不上日本零式战斗机。岛上有 3 个炮群，每群有 2 门口径为 5 英寸的大炮，另外还有 12 门口径为 3 英寸的高射炮。机关枪隐藏在灌木丛中把守海滩。岛上设有雷达和其他简单的防空报警系统（每遇有飞机来临，守军便朝天鸣枪）。

威克岛第一次遭到袭击发生在珍珠港挨炸的午前片刻。日军空袭夏威夷的消息刚从无线电里传出，德弗罗就扯开嗓门高喊："拿起武器！"海军陆战队员纷纷抓起自己的步枪，炮弹被运往海边的炮兵阵地。4 架"野猫"战斗机升空巡逻警戒。这时忽然袭来一阵暴风雨，"野猫"竟没有发现 36 架敌机正气势汹汹地扑来。这些日机从威克岛以南 650 英里的日占夸贾林环礁上起飞，在厚厚的暴风雨云层掩护下巧妙地接近目标。日机炸毁了威克岛上的简易机场，击毁了仍然停放在地面的全部 8 架美机中的 7 架，击伤剩余的 1 架。守军只剩下空中的 4 架战斗机，而他们正是用这 4 架飞机击落了每日来犯的日机达五六架之多。

12 月 11 日午夜刚过，岛上瞭望哨发现海平面上有耀眼的亮光。拂晓，由 3 艘轻巡洋舰、6 艘驱逐舰、2 艘巡逻艇和 2 艘运输船组成的一支日本舰队全速地向威克岛开来。

奉守岛指挥官坎宁安命令，日军进入射程以后美军先不开火。日舰离海岸 4 英里时就开火了，而守军仍一炮不发，待到日舰进入 4500 码时才开火，开火不久就击中了两艘日舰。旗舰"夕张"号在连中了三炮后落荒而逃，驱逐舰"疾风"号被击中弹舱，爆炸沉没。

威克岛守军的好运气还没有完，又有几艘舰船被击中。幸存下来的"野猫"飞机也向日舰投了多枚 100 磅重的炸弹。一架飞机尽管受伤，仍击中了"如月"号驱逐舰后甲板下的深水炸弹舱。"如月"号随即爆炸沉没，舰上无人幸免。令人难以置信的奇迹出现了。在前后 45 分钟的战斗中，几百名海军陆战队员居然击退了杀气腾腾的一支日本舰队。日舰队指挥官甚至没有企图登陆就下令舰队掉头，仓皇退回夸贾林岛。开战以来日本第一次尝到被击退的滋味。

坎宁安、德弗罗和他们的胜利之师喜气洋洋，踌躇满志，但他们明白日本人不会善罢甘休。12 月 23 日午夜过后两小时，一支庞大的日本舰队开来了。这一次有 6 艘重巡洋舰和刚刚参加了偷袭珍珠港的两艘航空母舰"苍龙"号和"飞龙"号，还派来了 2000 名海军陆战队员。

　　日本人发起了新的一轮进攻，大约 1000 名海军陆战队员潮水般冲上海滩。守岛官兵成小股分散于各处，因人数太少无法守住全部海滩。岛上一些民工也拿起武器，同守军并肩战斗。战斗非常残酷，守卫在一座岛礁上的 70 名官兵打退了 100 名日军的进攻，使敌人无一生还。凌晨，俯冲轰炸机从日军航空母舰上起飞，对岛上阵地狂轰滥炸。"野猫"战斗机都已被占压倒优势的敌机击落，失去飞机的飞行员拿起步枪同陆战官兵并肩作战。在最大的一个岛礁，日军通过轰炸和扫射给守军施加更大的压力，一支日军已潜行上岛。

　　直至早晨 7 时 30 分，美国海军陆战队员仍在拼死抵抗，但早已渐渐支持不住。坎宁安知道，守岛将士或许能熬过白天，但是一旦黑夜降临，他们的防线肯定将被日军攻破。岛上有 1000 多手无寸铁的平民百姓，战斗持续下去无异于一场屠杀。坎宁安授权德弗罗去接洽投降，万般无奈之中，德弗罗只得命令周围的官兵销毁手中的武器，在指挥所的碉堡外扯起一条白床单示降。在一名手举一端系有白布条的拖把棍的士兵的陪伴下，德弗罗去寻找日军，并命令沿途的美军放下武器。圣诞节前两天，威克岛陷落，122 名守军官兵阵亡。

　　对于守岛将士们来说，导致失败的根本原因是得不到增援。就在日本人发动最后一次攻击前两个星期，美国海军部曾命令一支舰队增援威克岛，但舰队在中途被召回了。这支舰队包括33000吨的航空母舰"萨拉托加"号，它载有 72 架战斗机和俯冲轰炸机。这支舰队在弗莱彻少将率领下本打算赶到威克岛增援，但弗莱彻带了一艘航速很慢的油轮同行，整个舰队慢慢地在海上舰行。在珍珠港，金梅尔被解职后，太平洋舰队司令的职务暂时由派伊中将代理。由于

12 月 7 日刚刚蒙受了巨大损失，派伊无论如何再也不愿让只有 3 艘航空母舰的太平洋舰队派"萨拉托加"号去冒险。他一度曾命令弗莱彻紧急驰援威克岛，发起空中打击以援助在那里孤军奋战的美军官兵，后来又撤回这道命令，指示弗莱彻派一艘水上飞机交通船去威克岛疏散岛上官兵，最后又收回成命，下令舰队返回。几番折腾，威克岛终因得不到援助而陷落。

在威克岛作战告一段落后，日军对俾斯麦群岛中的拉包尔发起了进攻。俾斯麦群岛位于西南太平洋，与新几内亚、所罗门群岛构成保卫澳大利亚的防线。拉包尔是俾斯麦群岛中新不列颠岛东端的一个城市，战略地位重要，成为有两个机场和一个优良舰船停泊地的军事基地，驻有 1500 名澳大利亚士兵。1941 年 1 月 22 日下午，日军的南海支队在拉包尔登陆，几乎没有经过交战就占领了拉包尔市和机场，几天后，丢盔弃甲的澳军全部投降。拉包尔成为日军南进的主要前进基地。另一支从早被日本占据的加罗林群岛特鲁克出发的日本海军陆战队则占领了新不列颠岛北面的新爱尔兰岛，在岛上建立了航空兵基地。

在进攻菲律宾、关岛和威克岛的同时，如水泄一般蜂拥南下的一批批日军还分别攻占了香港、马来半岛、新加坡、荷属东印度（今印尼）和缅甸，狠狠打击了驻扎在这些地区的英国和荷兰军队。日军进展如此迅速，很快取得了初战的胜利。

四

珊瑚海海战

在太平洋战争初期，日本取得一连串的胜利。日本海军的舰只在太平洋东部和南部地区到处游弋，而美国太平洋舰队则因刚遭受重创很少活动。这时东京广播电台的英语广播在宣读战报后往往会嘲弄般地问一句："美国海军在哪里？"

当时在大洋彼岸，刚刚出任美国舰队总司令兼海军作战部长的欧内斯特·金上将正在考虑要显示一下美国海军的存在。他提出"攻势防御"的战略思想，就是要"抓住得到的一切战机，在可能的一切地方打击他们"。1941 年 12 月珍珠港事件后不久，资历不深的海军司令部航海局局长切斯特·尼米兹被越级任命为新的太平洋舰队司令，同时晋升为四星上将。尼米兹为人性情温和，善于与人相处，在海军部内以作风细致、组织能力强见长，他的默默无闻勤奋工作的习性与擅长表现自己的麦克阿瑟正好相反。尼米兹来到夏威夷后留用了前任的所有参谋人员，立即着手按照金上将的命令指挥太平洋舰队对占有优势的日军实施一次海空反击战。这时在太平洋战区，日本战列舰数目两倍于美国，航空母舰的数目是美国的两倍以上。

1942 年 1 月底，绰号"公牛"的哈尔西中将奉命率领太平洋舰队的大部分家底，包括航空母舰"企业"号、"约克城"号，5 艘巡洋舰和 10 艘驱逐舰秘密驶离珍珠港。哈尔西此人是个典型的海军军官，身体健壮，动作鲁莽，是一员猛将。在航行途中他向舰队宣布了战斗任务：空袭日军占领下的马绍尔群岛和吉尔伯特群岛。

马绍尔群岛位于北纬 5~12 度，东经 160~172 度，由星罗棋布的 32 个较大的珊瑚岛和许多小岛组成。夸贾林环礁是其中最大的岛屿。在第一次世界大战中马绍尔群岛被日军从德国手中夺得，1920 年成为日本的委任统治地（由国际联盟委托）。从 1940 年 11 月起，日本加速将这一群岛扩建为海军基地。吉尔伯特群岛位于马绍尔群岛东南，跨越赤道，由 16 个珊瑚环礁组成。该群岛原为英国托管，1941 年 12 月 10 日日本海军占领了其中的主要岛屿塔拉瓦、马金，并修建了机场，还在其他一些岛上设置了瞭望哨。

前往空袭两群岛的美国舰队分为两支："企业"号与 3 艘重巡洋舰、6 艘驱逐舰组成的第一特混编队由哈尔西亲自指挥，攻击马绍尔群岛中的沃特杰岛、夸贾林岛、罗伊岛和塔罗阿岛；弗莱彻少将任第三特混编队指挥官，统率"约克城"号与 1 艘巡洋舰、4 艘驱逐舰，攻击马绍尔群岛中的贾卢特岛、米利岛和吉尔伯特群岛中的马金岛。两支特混编队在中太平洋上分道扬镳，双方约定在 2 月 1 日天亮前 15 分钟同时进入指定海域，空袭日军基地。

到达预定的时间，第一特混编队出动 37 架"无畏"式俯冲轰炸机和 9 架鱼雷机扑向夸贾林岛和罗伊岛，另外 6 架飞机向塔罗阿岛飞去。同时由斯普鲁恩斯少将指挥的巡洋舰开始对沃特杰岛上的目

51

标进行炮击。哈尔西还派遣"企业"号上的6架战斗机对停泊在沃特杰岛礁湖内的9艘巡逻艇和岛上的机场进行扫射，不久又有8架"无畏"式轰炸机对岛上乱炸一通。

在罗伊岛上，一座弹药库被击中，周围的建筑物纷纷倒塌，油库中弹起火，地面设施遭严重破坏。杨格中校率9架轰炸机空袭夸贾林岛。他发现海面上停泊着2艘巡洋舰、1艘驱逐舰、1艘飞机母舰、2艘水上飞机、3艘油船、5艘潜艇以及为数更多的货船，立即率机攻击。由于猎物太多，他又调集了18架轰炸机和9架鱼雷机前来助战。在成群飞机的轮番攻击下，日舰损失惨重，两艘潜艇瞬间被炸毁，一艘巡洋舰中弹后逃走，一艘驱逐舰挨炸后几乎断成两截，立即沉没，一艘油船被炸后燃起熊熊大火，飞机母舰尾部中弹。在塔罗阿岛上，油库被焚，28架飞机被炸得横七竖八，支离破碎，岛上较大的建筑全部被毁。

第二特混编队在攻击时遭遇猛烈的暴风雨，几架飞机被闪电击毁，其他飞机仍顽强地飞到贾卢特岛上空，炸沉一艘供应舰，击毁两架水上飞机，还摧毁了岛上的无线电台和几座水塔。对马金岛攻击的战果较少，仅击沉一艘小型飞机补给舰。

这次袭击，美军共击毁日本舰船16艘，飞机41架；美方仅损失飞机11架。

2月24日，哈尔西又率舰队用舰载机攻击了日军占领下的威克岛。在返航途中哈尔西接到命令："空袭南鸟岛。"南鸟岛位于日本近海，跟日本本土相隔仅975海里，日本人做梦也没有想到美国人敢来这里袭击，因而没有什么防备。当美国飞机从天而降时，日本人才从睡梦中惊醒，匆忙组织对空射击，但为时已晚。岛上的油库被炸起火，电台成为废墟，美军在袭击时仅损失一架飞机。

这两次小规模的对日海空反击战总算为美国在珍珠港的惨败出了一口恶气，东京的广播电台不再得意地嘲笑美国海军不敢露面了。

面对美国太平洋舰队越来越大胆的袭击，日本海军省和海军军令部的决策人物正在关注下一步的军事行动。他们制订了一个新的庞大的进攻计划，继续南下，占领美国对日反攻的最大据点广袤的澳大利亚。在此之前先实施"FS 作战计划"，即攻占斐济、萨摩亚和新喀里多尼亚这几个岛屿，以切断美国和澳大利亚之间的交通线。而日本陆军省和陆军参谋本部则主张保持守势，坚决反对出兵澳大利亚。陆军估计进攻澳大利亚开始就需要出动 12 个师团的兵力，以后会更多，超过开战以来投入南方的所有兵力，运输陆军的船只需要 150 万吨，无论是兵力、船只和物资都难以承受，因而这是一个冒险的计划。但陆军对切断美澳之间交通线的有限军事行动则持支持态度，因为这耗费不了多少陆军兵力。海军于是就不得已求其次，将占领澳大利亚的作战计划缩减为切断美澳交通线的军事行动。4 月海军军令部决定在西南太平洋地区用兵，同时占领所罗门群岛中的图拉吉岛和新几内亚东南岸的战略要地莫尔兹比港，作为实施"FS 作战"计划的第一步。莫尔兹比港是澳大利亚的一个海空军基地，距澳大利亚本土很近，扼通向澳大利亚东海岸的要道，日军占领后就可控制整个新几内亚，严重威胁美澳交通线的安全。因得知美国舰队在这一带活动频繁，南云手下由高木武雄统率的第 5 航空母舰战队及第 5 巡洋舰战队奉命南下助战，暂时归驻在特鲁克的第 4 舰队司令井上成美中将指挥。

4 月 30 日高木率航空母舰"瑞鹤"号、"翔鹤"号和 3 艘巡洋舰、6 艘驱逐舰驶离有"太平洋上的直布罗陀"之称的特鲁克港，准备与美国的航空母舰决战。同一天由后藤少将率领轻型航空母舰"祥凤"号（由货船改装）和 7 艘巡洋舰、1 艘驱逐舰也从特鲁克港起航，任务是为登陆部队护航。四天后由尾冈少将指挥的陆军南海支队的4000 人分乘 14 艘运输船在少量军舰陪同下从拉包尔杀向莫尔兹比港。

对日军南下作战的具体计划，尼米兹已通过情报机构对密码的破译完全掌握。他立即调兵遣将，菲奇少将率以重型航空母舰"列克星敦"号为中心的特混编队赶到澳大利亚东北的珊瑚海，与弗莱彻少将的以中型航空母舰"约克城"号为中心的特混编队会合，英格斯顿少将率 3 艘重巡洋舰、2 艘驱逐舰也向珊瑚海集结。一时间珊瑚海上战云密布。

5 月 3 日进攻图拉吉的日军顺利登陆，未经流血，因前一天驻在岛上的 50 名澳大利亚官兵已撤走。不料第二天岛上却遭到弗莱彻派出的 80 架美国飞机长达 6 小时的轰炸，日军损失了 3 艘舰船。尼米兹对这一战果很不满意，抱怨"从消耗的弹药和取得的成果来比，这场战斗肯定是令人失望的"。弗莱彻暴露了目标，就与"列克星敦"号会合向西寻找日本开往莫尔兹比港的运兵船队。这时高木舰队得知图拉吉遭袭击后立即南下，去寻找美国的航空母舰。5 月 7 日美军侦察机报告发现日本航空母舰编队，实际上发现的是几艘旧舰船。弗莱彻决心利用这一战机，狠狠教训一下不可一世的日本人。从"列克星敦"号和"约克城"号上起飞的 93 架飞机扑向目标。弗莱彻碰上了好运气，他的飞机在飞往目的地的途中发现了后藤舰队，自然不会放过。在不到半小时的空袭中，"祥凤"号航空母舰中了 13 颗炸弹和 7 枚鱼雷，1 枚鱼雷直捣锅炉房后爆炸，"祥凤"号顿时动弹不得。舰上甲板下面的过道里横七竖八地躺满了伤兵，伤兵的鲜血染红了从消防水龙头里流出的水，在接二连三的爆炸声中舰体被炸裂，"祥凤"号很快沉入海底。全舰 800 多人死了 636 人，而美军只损失了 3 架侦察机。

这一沉重的打击使预定开往莫尔兹比港的运兵船失去了空中掩护，船队不得不停在路易西亚德群岛北面，不敢贸然前进。与这一场交战几乎同时，日军侦察机也找到了目标，报告发现由一艘航空母舰和其他战舰组成的美特混编队。高木得到情报，下令立即投入战斗。刹那间由 78 架飞机组成的空中攻击部队从"瑞鹤"号、"翔鹤"号上呼啸起飞。就在起飞后，日军侦察机又送来报告："敌情有误，美特混编队的真正位置在路易西亚德群岛东南。"但转向已来不及了，庞大的攻击机群按第一次报告飞到指定海域发现的却是一支加油船队，由 3 万多吨的大油船"尼奥肖"号和护航驱逐舰"西姆斯"号组成。油船被大多数飞机当作航空母舰攻击，在 12 分钟内连中 7 颗炸弹和 10 枚鱼雷，船上燃起熊熊大火。当船长下达弃船令后，船员们争先恐后奔向舢板和木筏逃命，在海风卷起的波涛中舢板和木筏都被打沉，逃命的人大多葬身鱼腹。然而这艘油船并未沉没，船上的大火被扑灭，4 天后遇上了一艘驱逐舰，还坚守在船上的人都被救出。"西姆斯"号驱逐舰在弹雨中被炸成两截后沉没。

高木得知未能打击美国的航空母舰很不高兴，在这天黄昏时分又挑选受过夜战训练的飞行员，用 27 架轰炸机和鱼雷机组成一支精干的攻击队，向侦察机已发现的美特混编队所在海域冲去。但这时天气很坏，狂风大作，乌云蔽空，海面上能见度极差。结果机群不但没有搜索到美国的航空母舰，反而与几架从航母上起飞的美战斗

珊瑚海海战（中村研一绘）

机相遇。这是弗莱彻通过雷达获悉日机飞近后派来拦截的飞机。顿时在昏暗的云层中双方战机升腾、翻飞、追击、开火，好一场厮杀。用于攻击舰船的日本飞机终究不敌对手，8 架鱼雷轰炸机和 1 架俯冲轰炸机被打得凌空爆炸，剩下 18 架日机落荒而逃。在夜幕降临时，这些铩羽而归的日本飞机中 6 架居然找错了家，把"列克星敦"号当作日本航空母舰，准备在美国航母的甲板上降落，结果被一艘美驱逐舰用探照灯捕捉住，在猛烈的防空炮火中，一架已放下起落架的日本飞机在空中当场被击毁，其余飞机见势不妙只得又一次逃窜。逃回去的日本飞机中有 11 架在寻找母舰时燃料耗尽迫降在海上。本来日机找到美国航空母舰是一个攻击的好机会，但在刚才的空战中，轰炸机为逃命已丢掉了所有的炸弹和鱼雷，所以只得眼睁睁地看着苦苦寻找的"猎物"就在眼皮底下却奈何不得。

5 月 8 日，两支航空母舰编队终于弄清了对方的位置，有了直接交手的机会。双方实力势均力敌：各有两艘大型航空母舰。美方有 122 架飞机，日方有 154 架。护航舰只也数量相近。在日出时分双方航空母舰上的飞机已做好了准备，舰上的炮手警惕地望着天空。双方舰队越来越近。美国水兵领到了糖果，日本军舰上在发放米糕。

上午 8 时 22 分，美军侦察机最先发现高木舰队，并立即发回急电。两分钟后日军侦察机也发现了美国舰队。发现目标后双方都在紧急做出击准备。

9 时 30 分，87 架舰载美机分成 5 组向高木舰队扑去。高木舰队也派出 70 架飞机向美特混编队扑去。从"约克城"号航母上起飞的美机先飞临日本航母上空。18 架日本零式战斗机升空拦截，"瑞鹤"号航空母舰见情况不妙，连忙向有热带雷雨的海域躲避，总算逃脱了美机的攻击。而"翔鹤"号航空母舰则成了美机集中攻击的目标。几分钟内,"翔鹤"号身中两弹,一颗正中舰身,引起汽油燃烧,另一颗命中舰尾。

将近一小时后,从"列克星敦"号上起飞的美机找到了冒烟的"翔鹤"号,于是有 4 架俯冲轰炸机直冲下来投弹,又命中一弹。"翔鹤"号虽侥幸躲过鱼雷的攻击仍伤势严重,舰上 108 人死亡,它勉强控制住了火势,但飞行甲板不再能使用,遂带伤返航。这次进攻美国损失了 43 架飞机。

在"翔鹤"号正遭难时,70 架日本轰炸机和鱼雷机也飞抵美国航空母舰上空。日机巧妙地利用顺风背日方向从低空切入,从两弦进行攻击。"列克星敦"号左右规避,但无济于事。一枚鱼雷命中舰身左舷前部,剧烈的爆炸使舰身吐出一条夹着海水的巨大火柱,舰身猛烈抖动。不一会左舷水下部位又中一枚鱼雷。空中投下的炸弹接着又击中舰上的炮位,顿时碎片横飞,血流满地。

"约克城"号的命运要好些。这艘较小的航空母舰转舵灵活,躲开了一枚枚鱼雷,但从空中坠下的一颗 800 磅炸弹穿透了飞行甲板,在下面的储藏室里爆炸。随之舰内起火,水兵生活舱遭严重破坏,66 人被炸死。好在经过抢救,"约克城"号还能航行。

目睹海上的硝烟和火光,日本飞行员很有把握地报告:"敌两艘航空母舰已被击沉,一艘战列舰或巡洋舰被击伤。"此时"列克星敦"号 6 处起火,隔舱进水,但经过抢救还能与舰队保持联系。在这艘航母上,谢尔曼舰长担心再次遭空袭,下令给舰载机加足汽油,以防万一,汽油被油管注入飞机的油箱。结果在加油时舰上发生了一连串的爆炸。原来舰上的汽油舱已经遭到破坏,油管也被炸坏扭曲。在给飞机加油时溢出大量油气，电机室里一台电机冒出的火花又点燃了油雾，造成爆炸。爆炸的气浪把坚固的水密门和舱盖冲毁，水线以下的几层甲板被打通，火焰通过破口外窜，越烧越旺。舰上通讯失灵，供电中断，只能靠人传达命令。不久舰上的通风系统也坏了，舱内温度高达摄氏 70 多度，水兵们都热得受不了，有人已经休克。"列克星敦"号航行得越来越慢，舰上过道里灌满了烟，甲板上躺了不少伤员。迫不得已谢尔曼下令锅炉熄火，放弃机舱以排出高压蒸汽。顿时螺旋桨停止转动，巨大的舰体停泊在海面，随波逐流。至下午 5 时情况没有好转，谢尔曼下令弃舰。舰上的人在甲板上排成队被驱逐舰接走，有些水兵还不忘装满一钢盔冰淇淋带走，谢尔曼最后一个离开。随后响起了震耳欲聋的大爆炸声，舰上库存的重磅炸弹和鱼雷被引爆，甲板上的飞机被炸得跃上空中，巨大的火柱夹着黑色浓烟和白色蒸汽直冲云霄。"列克星敦"号的气数已尽，一艘驱逐舰扮演了送葬人的角色，向它熊熊燃烧的躯壳发射了 4 枚鱼雷，排水量 4 万吨被水兵戏称为"列克斯夫人"的"列克星敦"号航空母舰终于沉入珊瑚海海底。

战事告一段落，但战局对日本人较为有利。日军航空母舰一艘受重创，一艘完好无损。而美国的两艘航空母舰都已受重创，其中一艘即将沉没。如果这时高木抓住战机，下令继续进攻，美国舰队可能会被全歼。但高木出人意外地决定就此罢手，远在千里之外指挥这一海战的井上中将接到报告后，根据不准确的战报，确信美国两艘航空母舰都已被击沉，就同意高木的意见，停止攻击，脱离敌人，补充燃料，修整飞机。同时井上又下令推迟攻占莫尔兹比港的作战，运兵船返回拉包尔。当时驻在日本濑户内海的联合舰队司令山本五十六得知此情，勃然大怒，严令"继续追击，歼灭残敌"。高木舰队随即再次南下寻找美舰，可哪里去找！尼米兹不希望再拿"约克城"号去冒险，已下令美航空母舰编队立即撤出珊瑚海。高木舰队只得于5月10日悻悻然离开战区，运兵船也返回拉包尔。至此人类历史上第一次航空母舰大战结束。在整个海战中水面舰只未向敌舰发射一炮，主要靠舰载飞机交战。这是一种与以前的海战根本不同的新作战方法。

这一海战结束后，日美双方都称自己是胜利者。日本的电台在播放海军进行曲后宣布："大日本帝国海军在珊瑚海取得赫赫战果。"美国方面也大张旗鼓地报道太平洋舰队的战绩："美舰队在太平洋大海战中击退日军，击沉击伤敌军舰17至22艘，敌舰队逃窜，我舰队正在追击。"

实际上在这场海战中，双方损失相近，日本略少些。日方的损失计有："祥凤"号轻型航母沉没，1艘驱逐舰和3艘登陆驳船被击沉，"翔鹤"号航母遭重创，77架飞机被击毁，1047人战死；美方的损失是："列克星敦"号航母沉没，"约克城"号航母受伤，油船和驱逐舰各1艘被击沉，66架飞机被击毁，543人战死。

战后日本的军史专家分析这场海战，认为按吨位计日本取得了战术上的胜利，但在战略上是美国获胜。日本没有实现切断美澳供应线的既定目标，两艘航母中，一艘受伤，一艘需要补充，未能参加不久进行的中途岛海战，如果加上这两艘航母，中途岛海战的胜负也许会完全相反。而且，日本以为在珊瑚海海战中美国损失了两艘航空母舰，导致在中途岛海战中低估了美舰队的实力。这些都成为后来在中途岛海战中日军惨败的潜在因素。

五

中途岛奇迹

中途岛海战是美国海军对日作战转败为胜的关键一仗。美国太平洋舰队以 3 艘航空母舰在中途岛东北海域设伏,其舰载飞机在最有利的时机从天而降,在 6 分钟内击中了由南云率领的 3 艘曾参加偷袭珍珠港的日本航空母舰,使之最终沉没,创造了战争史上一个以少胜多、以弱胜强的奇迹。那么这个奇迹是怎样创造出来的呢?

袭击珍珠港成功后,日本联合舰队司令山本五十六就在考虑下一步的作战计划。1942 年 1 月他的属下接到他关于研究第二阶段作战计划的命令。参谋人员先是主张在印度洋作战,陆军配合出动 5 个师攻占锡兰岛(今斯里兰卡),动摇英国在印度的统治,把英国的东洋舰队引诱出来,一举全歼,以便与从高加索南下中东的德军会师。这个计划遭到陆军的激烈反对,陆军要求在战略上取守势,把兵力集中在中国。既然难以得到陆军支持,山本的幕僚就倾向于制订基本上由海军单独进行的作战计划。按照山本的战略,是要在敌我兵力比例出现悬殊差距之前与美国舰队决一雌雄,拖延决战只会对工业潜力巨大的美国有利。1942 年 3 月幕僚们开始考虑进攻中太平洋，发动中途岛战役，占领中途岛，作为进攻夏威夷的基地，同时诱使美国太平洋舰队在中途岛附近决战，把它消灭。

山本注目的中途岛是一个面积不到 5 平方公里的圆形环礁，因位于亚洲和北美之间太平洋航线正中而得名。中途岛里侧东南部有两个较大的岛屿，叫东岛和沙岛，由砂石构成，地势平坦，到处长满矮灌木丛，建有美国的陆海军基地。中途岛战略地位重要，日军如占领后，就等于打开了进入夏威夷群岛和美国本土西海岸的门户。

负责制订日本海军作战计划的海军军令部有自己的想法。军令部计划课课长富冈定俊大佐认定澳大利亚是美国反攻的最危险的基地，他主张进攻萨摩亚和斐济，切断美澳之间交通线，以诱使美国太平洋舰队南下决战。这样在海军内部就形成了主张对中太平洋和南太平洋用兵的两派。军令部反对中途岛战役计划的理由是这个小岛太远，难以补给，而且还会受到美远程飞机的袭击，此外美国恐怕也不会派舰队去中途岛冒险。一生好赌、认为要么全赢，要么全输的山本使出"撒手锏"，强硬地表示：计划若得不到批准就辞职。这是故伎重演，他在提出袭击珍珠港的大胆计划时也曾这样威胁。而这时山本的地位和威望正如日中天，军令部屈从了他的讹诈，勉强表示同意。军令部总长永野表示："既然如此，我们可以试试他的计划。"这一计划还规定在进攻中途岛的同时攻占北太平洋上靠近美国阿拉斯加的阿留申群岛，作为一次牵制性进攻。然而尽管山本再三要求，军令部还是没有确定行动的具体日期，反而安慰山本不必太急。但在 4 月发生了一件催促尽快实施这一计划的事，这就是东京遭到美国轰炸机的空袭。

原来，在珍珠港遭袭击后，美国总统罗斯福就一直要求军方制订轰炸东京的方案，也来一场空袭。1942 年 2 月，美军决定用航空母舰运载续航力大的 B—25 轰炸机去轰炸东京。4 月 2 日，"大黄蜂"号航空母舰载着 16 架硕大的轰炸机在 6 艘护航舰只陪同下从美国西海岸向西疾驶。4 月 14 日，"大黄蜂"号与哈尔西率领的以"企业"号航空母舰为核心的舰队在中途岛北面海域会合，继续向东进发。按照计划，这支特混编队在 4 月 19 日夜间驶至距日本海岸450 海里的地方，由王牌飞行员杜利特尔中校带领机队去轰炸东京，顺带也炸一下其他几个城市，然后在中国内地国民党军队控制的机场着陆。这是一次单程飞行。哈尔西以前曾得到过日本政府颁发的几枚勋章，这次在舰上他郑重其事地把这些勋章交给杜利特尔（又译杜立特），请他把勋章系在炸弹上在东京上空还给日本人。18 日凌晨，特混编队被日本巡逻艇发现，山本接到报告后，立即调兵遣将从各地赶来，但他以为美机空袭后要飞回航母，因此至少要到 19日才能空袭，因而防备不够。在被日巡逻艇发现时舰队距日本海岸有 670 海里，在这里起飞，飞机上的油料在空袭后显然不足以飞到中国内地指定的机场。然而哈尔西为确保舰队的安全，当机立断命令轰炸机立即起飞，将原定的夜间空袭改为白天。等飞机一飞走，哈尔西火速率舰队返航。南云和近藤两位日本海军中将分别率舰队在海上搜寻哈尔西的舰队，自然一无所获。

B—25 轰炸机群贴着海面超低空飞行了 3 小时，没有遇到防空炮火，却看见地面上的人在向飞机招手致意，以为看到了自己一方的飞机。就这样它们顺利飞到东京上空。更令人称奇的是，机群在东京上空竟与日本首相东条英机的座机相遇，东条正准备去视察一所航空学校。东条的秘书清楚地看到，迎面飞来的飞机中有美国飞

杜利特尔与其轰炸机

行员的脸。几分钟后东京挨炸，市民们起先还以为是一场防空演习。美机匆忙地在东京上空对军事目标投弹，轰炸海军造船厂，一艘还未完工的巡洋舰成了靶子。空袭时间前后只有一分钟，等到地面射出防空炮火，美机早已飞得无影无踪，一架也未被击落。除东京外，横滨、名古屋、大阪、神户等城市也遭到了轰炸。完成空袭任务后，杜利特尔机队向西飞行，由于燃料不够，大多数降落在中国沿海地区，有一些机组人员成了日军俘虏，大多数人得到中国当地居民的救助得以转道回国。

这次空袭摧毁了约 90 座建筑物，造成 50 人死亡，物质损失并不大，但在精神上对日本的打击很大。负责本土防空的军官被按军法惩处。为抵消空袭造成的影响，军方无中生有地声称击落了 9 架敌机，在靖国神社还临时展出了 B—25 轰炸机的一片机翼和一根起落架（秘密从中国运来），在树上挂了一个降落伞，以此作为击落敌机的物证。山本也不再傲气十足，他成日为天皇的安全忧心忡忡，就更坚持早日发起中途岛战役，在中途岛和阿留申群岛之间建立警戒线，以防止再次发生对日本本土的空袭。有这样充足的理由，谁还会出面反对山本的庞大计划？军令部立即发出作战命令。

山本的参谋人员制订了详细的作战计划，准备调集近 200 艘舰船、600 多架舰载机参加这一大规模的战役，并确定 6 月 7 日（在中途岛为 6 月 6 日）为进攻日，后来实际作战日期有所提前。时间比较仓促，只有一个多月时间用于训练。作战计划很复杂，要把联合舰队分成几个部分。潜艇部队要先在中途岛与夏威夷群岛之间布置警戒线；由细萱成子郎中将指挥的北方部队的任务是进攻阿留申群岛，这支部队由航空母舰"龙骧"号和"隼鹰"号、7 艘巡洋舰以及其他舰只组成，有 2500 人的登陆部队。主攻方向在中途岛，南云忠一中将率领的第一航空舰队担任这方面的作战任务。南云舰队由 4 艘航空母舰（"赤城"号、"加贺"号、"飞龙"号和"苍龙"号）、2 艘战列舰、2 艘重巡洋舰以及其他众多舰只组成，这是日本海军航空兵的主要家当。从塞班岛出发的运输船运送 5000 人准备在中途岛登陆，由栗田健男中将率 4 艘重巡洋舰和 2 艘驱逐舰护航。另一支由近藤信竹中将率领的舰队在中途岛西南掩护侧翼。近藤舰队的阵容也很壮观，拥有 2 艘战列舰、4 艘重巡洋舰和小型航空母舰"瑞凤"号。还有两支舰队作为预备：高须四郎中将率 4 艘战列舰为进攻阿留申群岛提供警戒；山本本人则在世界最大的战列舰"大和"号上坐镇指挥，并打算在两艘战列舰、一艘小型航空母舰"凤翔"号的陪同下开抵中途岛西北 600 海里处设伏，随时准备用舰上的巨炮击沉被引诱西进的美国舰队。这是山本精心策划的陷阱。这样的安排使日本海军在太平洋上总兵力居于绝对优势。按照南云的航空参谋源田的形象说法：联合舰队将"铁袖一触"，彻底打败美国舰队。但后来实战的结果却证明：这样分布兵力明显的缺点是过于分散，不利于互相援救。

在珍珠港，也有人在关心着日本海军下一步的行动，并为此而日夜殚精竭虑。他们是美国在这一海区的海军作战情报组组长罗奇福特中校和他的同事们。他与一批密码专家终日埋头在没有窗子不见阳光的地下室里，有时一天工作 20 小时，困了就在办公室的帆布床上睡一会。罗奇福特以前的成绩并不引人注目，他没有为金梅尔在对付日本偷袭珍珠港这件事上帮什么忙。现在他却福星高照，译出了日本海军的 JN25 密码。熟能生巧，他和同事甚至能根据发报习惯，如速度快慢、指法轻重来判断是哪个报务员在发报。他们每日破译日本舰队的来往电报，然后将这些情报由太平洋舰队的情报主任莱顿送交尼米兹。

1942年4~5月间，日本联合舰队异常频繁而神秘的电报，引起了罗奇福特警觉。在截获的大量日军来往电报中，常常提到一个被称作"AF"的地方，罗奇福特百思不得其解这究竟是指什么地方。这时有人想起：3月日本水上飞机在通讯中曾用过"AF"这一密码代号。大家立即翻箱倒柜，从浩如烟海的截获电文中细心查找，终于找到了下落。那份电文命令水上飞机到"AF"附近的一个珊瑚小岛，由潜艇补充燃料。据查这个小岛是位于中途岛附近的弗伦奇—弗里格特环礁。罗奇福特断定"AF"指的就是中途岛。为了进一步证实这一判断，5月10日罗奇福特去找尼米兹和莱顿商量，能不能给日本人设一个小小的圈套，"让中途岛基地指挥官西马德中校拍发明码电报，就说岛上淡水装置发生故障，不能使用"。尼米兹微微一笑，点头同意。中途岛遵命拍发了诱饵电报。为了演得像这么回事，美国海军有关部门立即回电准备派一艘供水船去中途岛。两天后日本人果然中了圈套，一份日军电报被截获，声称"AF"缺少淡水，日军特意为计划占领中途岛的部队增派了供水船。罗奇福特由此可以肯定中途岛是日军的首要进攻目标。幸运的罗奇福特发现不久日本海军就换了一套密码，不过没关系，他已获得了足够多的情报。

华盛顿的军方首脑人物根本就不相信日本会出动联合舰队的全部兵力争夺一个小岛，他们估计日军进攻的目标可能是夏威夷和阿拉斯加，甚至猜测会进攻美国本土西海岸。在澳大利亚，麦克阿瑟新任西南太平洋战区盟军最高司令，他则坚信日军正在计划入侵澳洲。他异想天开地向陆军部提出无法实现的要求：增派援军，包括 2 艘航空母舰、1000 架飞机、3 个师的军队。尼米兹手上的舰船飞机不多，不能在两处设防。如果判断失误，则后果不堪设想。一旦把航空母舰集中在中途岛，日军却来进攻夏威夷，那就会遭到惨败。在这关键时刻，尼米兹不为华盛顿的判断所动，相信了罗奇福特。

为进攻中途岛，联合舰队开始训练。这次南云痛苦地看到曾为袭击珍珠港一丝不苟练兵的海军航空兵是那样马虎，随随便便。半年来接连不断取得胜利，使那些老飞行员并不认真训练。新手的情况更糟，南云在事后回忆，"毫无经验的飞行员刚刚达到白天能在航空母舰上降落的水平，甚至一些较有经验的飞行员技术也荒疏了"。5 月中旬进行了一次模拟鱼雷机攻击演习，成绩很差。裁判员感慨地说："水平如此低劣的人员竟然能在珊瑚海战役中取得辉煌战果，简直不可思议。"当然没人告诉他们这些飞行员并未参加过珊瑚海海战，海战的战果也没有宣传得那么辉煌。自以为胜券在握的日本人没有加紧修复"翔鹤"号，补充"瑞鹤"号，因而这两艘航空母舰没赶上参战。

在了解日本海军的意图后，尼米兹开始调兵遣将，电令哈尔西带"大黄蜂"号和"企业"号航空母舰火速返航。他最多只能调集 3 艘航空母舰、8 艘巡洋舰、14 艘驱逐舰、25 艘潜艇，与山本的兵力处于 1∶3 的劣势。"萨拉托加"号航空母舰在 1 月被日本潜艇击伤，还在修理，派不上用场。尼米兹知道决定战争胜负的主要是航空兵，就从美国本土调来大批轰炸机，分别布置在夏威夷群岛中的瓦胡岛和未来的战场中途岛。在中途岛上每个人都在紧张地做准备。小小的东岛就像要被大量的人和物压沉，整个岛上一片混乱，简直成了大杂烩，有匆匆忙忙的指挥官，有新到的人员，有各种飞机，有总是卸不完的汽油桶。中途岛得到了它能得到的一切加强力量，东岛和沙岛上到处大炮林立，四面竖着带刺的铁丝网，海滩和周围水中地雷、水雷密布。还修建了地堡，开挖了地道。守岛的军官得到通知日军将来进攻，后来他们一直猜不出这一准确情报是怎么得到的。有人在传说：绰号"东京玫瑰"的日本英语广播女播音员受雇于美国，"通过定期广播用暗语向美国发送情报"。还有一种说法，日本的和平主义者由于希望早日结束战争，向美国提供了情报。反正"我们在东京的那个人真是没有白拿我们的钱"。

尼米兹本来准备由哈尔西担任即将爆发的中途岛战役战地指挥官。哈尔西是一个像烈马一样的猛将，在太平洋舰队中广为流传着他的一句名言："杀！杀！杀！杀死日本人！"但恰巧在这时哈尔西生了病，全身出皮疹，奇痒难熬，住进了珍珠港的海军医院。哈尔西对不能参战感到很遗憾，他推荐自己的朋友、他的巡洋舰队司令雷蒙德·斯普鲁恩斯少将接替他，出任第16特混舰队司令，然后自己全身涂满油膏乘船回美国本土治病。斯普鲁恩斯瘦长个，挺直的头发已开始脱落，平时面部表情严肃，沉默寡言，与容易激动的哈尔西个性正好相反。不足的是他没指挥过航空母舰，缺乏这方面的经验，但尼米兹仍很信任他。尼米兹后来曾这样评价："斯普鲁恩斯是将军的将军，哈尔西是水兵的将军。"

5月27日，这天是日本在对马海峡大胜俄国舰队的37周年纪念日，南云率领庞大的第一航空舰队从撒满阳光的濑户内海出发。整个舰队一派节日气氛。轻巡洋舰"长良"号打头，而后是11艘驱逐舰，接着是重巡洋舰"利根"号和"筑摩"号、战列舰"榛名"号和"雾岛"号，最后是主角4艘航空母舰。舰队浩浩荡荡开向大海，岸上的人在挥舞着太阳旗，一些军舰上还举行了纪念海军节的活动。开战以来，南云的舰队所向无敌，袭击珍珠港，轰击达尔文港，在科伦坡附近击沉两艘英国的重巡洋舰，在锡兰的亭可马里附近击沉英国的航空母舰"竞技神"号，自己却一无损失。有什么理由不乐观呢？这次远征的节日气氛与偷袭珍珠港前悄无声息地出发形成鲜明的对照。袭击珍珠港时那种仔细筹划、严格训练、绝对保密的作风在不到6个月的时间内已荡然无存，南云的舰队就在这种训练不足敌情不明的情况下出海作战。日本安插在夏威夷的间谍一个德国人被关进了监狱，又破译不出美国海军使用的密码，情报来源中断。南云根本没有想到美国太平洋舰队将会在中途岛附近等着他。

在南云率舰队出征的前后，其他几支日本舰队也在行动。由山本亲自率领的主力舰队和近藤率领的舰队都驶向中途岛方向，准备在不同海域设伏。15艘运兵船载着5000登陆部队在11艘军舰护航下驶离马里亚纳群岛中的塞班岛，准备在海上与另一支支援舰队会合。进攻阿留申群岛的是一支航空母舰舰队，另有8艘运兵船在巡洋舰护航下单独航行。日本联合舰队的全部舰只都已出海，它们锅炉房消耗的燃料将比日本海军在开战前一年中烧掉的还要多。这都是为了控制太平洋上一个小小的岛，它的面积还没有联合舰队甲板面积的总和大。参战的日本陆军登陆部队深信一定能占领中途岛，他们嘱咐塞班岛的熟人，如果收到给他们的信，就请转寄"日出之岛"。这是日本为中途岛预先起的名字，占领后就改名。

与南云出征同一天，刚参加了珊瑚海海战、身负重伤的"约克城"号航空母舰缓缓驶进珍珠港，后面留下一条油迹。第17特混舰队司令弗莱彻站在舰桥上，忧心忡忡地看着破损的军舰。有人估计修好这艘航母需要 3 个月时间。靠上码头，有一个参谋来找他，告诉弗莱彻说尼米兹要见他。尼米兹见到他时提出：要在 3 天内修好"约克城"号，然后出海，赶到中途岛附近与斯普鲁恩斯的舰队会合。

在海军船厂，修船工人不分昼夜地苦干，1400 人在"约克城"号上敲敲打打，焊接的电弧光闪成一片，同时还补充舰载飞机。舰上不影响作战和安全的部位一律不修，只花了两天多时间就修完了，使它能开动并升降飞机。这样的速度简直是人间奇迹。

在出发前，尼米兹因为没让水兵们休息而向"约克城"号的水兵道歉，并解释说这样做实在是出于迫不得已的原因。尼米兹还召见了弗莱彻和斯普鲁恩斯，面授机宜，希望他们"用强大的消耗性攻势最大限度地重创敌人"。他们要连续发动空袭，并遵循"盘算好了再去冒险"的原则。

由斯普鲁恩斯率领的第 16 特混舰队拥有"大黄蜂"号和"企业"号 2 艘航空母舰以及 6 艘巡洋舰、9 艘驱逐舰；由弗莱彻率领的第 17 特混舰队拥有"约克城"号航空母舰以及 2 艘巡洋舰、6 艘驱逐舰。6 月 3 日两支舰队在海上会合加油，统归资历较深的弗莱彻指挥，驶往中途岛东北海面列阵，在此待机伏击南云的舰队。而山本这时得到的报告仍是敌航空母舰还在西南太平洋地区的所罗门群岛附近。按计划应在夏威夷和中途岛之间布置两道警戒线的日本潜艇迟迟没有到达；等到到达指定位置时，美国的舰队已悄悄驶过。

在海上，美日两支舰队正相对而行。6 月 3 日清晨，南云的舰队在海上加完了最后一次油。海上浓雾弥漫，能见度很低。南云无法与其他舰只保持联系，灯光、旗号都不能联络。他必须通知所有舰只扭转方向、保持队形，迫不得已南云打破无线电沉默，用最低功率发了无线电报通知各舰。后来为此事南云受到严厉指责，认为就是这次发报把舰队的位置暴露了。实际上这次发报没有被美国的电台侦听到。老天真会捉弄人，电报发出不久浓雾就逐渐散去。

而在美国国内，6月初的几天全国上下处于风声鹤唳草木皆兵的紧张状态。华盛顿当局还是认为日军进攻的真正目标是夏威夷或是美国本土的西海岸。西海岸几个主要城市的电台停止了民用广播，改为军用战时播音。旧金山拉响了长达9分钟的"备战警报"汽笛，海岸警卫队派出一艘艘巡逻艇，士兵日夜在港口和街头巡逻，雷达紧张地对着天空搜索。夏威夷也是一派戒备状态，工厂停工，商店停业，陆军医院腾出了床位。

6月3日，战斗首先在北方打响。作为对中途岛战役的策应以吸引美国舰队，日军按计划对阿留申群岛发起了进攻。飞机从"龙骧"号和"隼鹰"号航空母舰上起飞，轰炸了阿留申群岛中尤纳拉斯加岛上的荷兰港。尽管受到已有准备的高射炮的密集射击，12架日机还是对油库、电台、兵营进行了狂轰滥炸，还攻击了停在海上的几架水上飞机。日机被击落击伤各两架。对日本来说更不幸的是，飞行员古贺驾驶的零式战斗机受伤后迫降在一个荒凉的小岛上，飞机只有些损伤，古贺却颈断人亡。一个多月后美国一支搜索队发现了这架几乎完整的飞机。美国人交了好运，在太平洋上空所向无敌的零式战斗机被运回美国本土，成了研究的样品，发现这种飞机为了取得高机动性和大航程，牺牲了防护装甲和其他安全设施。不久美国设计出一种各种性能比零式战斗机更优越的战斗机，成为它的克星。

这一天在中途岛，里德少尉驾驶飞机从中途岛向威克岛方向进行正常巡逻。他一边开着飞机一边仔细地观察空中和海面。已到巡逻区尽头，什么也没有发现。正准备回头，在飞机上负责无线电的马瑟提出再向前飞 10 分钟，或许会发现些什么。里德又向前飞了 20 分钟，还是一无所获。正要转弯，里德突然发现地平线上有几个小点。起初以为是挡风玻璃上的污点，再看看又不像。这不是敌舰吗？几分钟后电报发出："发现敌主力舰队。"他发现的是为进攻中途岛运兵船护航的日本舰队。从中途岛上飞来几架轰炸机，因为日舰防空炮火猛烈，轰炸没有取得什么战果。

日本舰队就没有这样的好运气。6 月 4 日到达指定海域的南云舰队对空中侦察安排得很草率，只准备安排一次性的单向侦察，就是说第一次漏查的敌情以后就永远发现不了。这使得南云不能及时发现美国舰队的位置，南云还以为这一带海域没有美国的航空母舰。

清晨 4 时 30 分，按照计划 108 架日本舰载机升空去攻击中途岛。为防备万一，126 架载有穿甲炸弹和鱼雷的飞机留作后备，准备对付美国舰队。还留了 18 架战斗机保护舰队。轰炸中途岛的机队由"飞龙"号上的飞行队长友永大尉带队。这时，在空中巡逻的美国飞机发现了南云的舰队，又发现了越来越近的日本机群。几分钟后，中途岛上拉响了空袭警报，早有准备的美军战斗机升空迎敌，人员钻进掩蔽部。岛上的高射炮向空中狂吐着火龙。日军轰炸机冒着激烈的炮火袭击了高炮阵地和机场。机场跑道上空空荡荡，飞机早已飞走。东岛上的机库被炸中爆炸。空战十分激烈。在混战中，美国飞行员帕克斯少校在座机中弹后跳伞，在空中被零式飞机打死。20

74

分钟后，日本飞机的炸弹丢完，空袭停止。带队攻击的友永自己的飞机也受了伤，他对轰炸的效果不佳很不满意，命人在空中发报向南云建议："有必要发动第二次攻击。"

在中途岛遭到攻击的同时，岛上已派出一支鱼雷机分队去袭击日本的航空母舰。这批鱼雷机没有战斗机护航，型号也不一，机身下带有一枚鱼雷。上午 7 时 10 分，鱼雷机到达目标上空，南云派出 10 架战斗机迎战。对零式战斗机来说这些速度不快的鱼雷机简直就是活靶子。这些鱼雷机低低地飞入密集的火力网中，飞行员的勇敢精神大大超过飞行技术。不一会只剩下 3 架鱼雷机受伤后逃回，日舰所受的损失微不足道，仅有 3 名炮手被机枪打伤。死里逃生的飞行员科林斯总结说："碰上战斗机机群，什么轰炸机也不是对手。"

击退了鱼雷机的来犯，南云决定采纳友永的建议，再对中途岛发动第二次攻击。本来为了对付可能出现的美国舰队，有 100 多架飞机装备的是鱼雷和穿甲炸弹。派出的侦察机尚未发现敌舰，让一半飞机闲着用处不大，南云下令把飞机拖进机库，卸下鱼雷和穿甲炸弹，改装高爆炸弹。

7 时 28 分，一架日本水上飞机发回报告："发现 10 艘水面舰只，像是敌舰。"南云并不感到问题很严重，敌舰中肯定没有航空母舰，不会有什么危险，等到把中途岛的事干完再来收拾它。他决定继续进攻中途岛，同时查明敌舰舰种。作为一种预防措施，还没有换装炸弹的飞机不再卸下鱼雷，这时，大约有一半鱼雷机已换装了炸弹。

一波不平一波又起。从中途岛又飞来了由亨德森少校率领的 16 架无畏式轰炸机。"苍龙"号上的战斗机立即升空阻截。日机凭直觉死死咬住亨德森，集中攻击他。亨德森的座机很快起火坠落海中。

未被击落的美机围着"加贺"号航空母舰投放炸弹。"加贺"号灵活地作蛇形运动，巧妙地躲开了攻击，炸弹在军舰周围掀起了巨大密集的水柱。这些几个月前还是老百姓的投弹手大多缺乏必要的训练，不一会8架美机被击毁。那些逃回中途岛的飞机都是千疮百孔，几近报废，有一架机身弹洞多达200多个。中途岛美军对南云舰队发动的这次进攻虽然坚定果断，但却战果甚微。

南云关心一小时前发现的敌舰中有没有航空母舰。不久又传来报告："敌舰队为巡洋舰5艘，驱逐舰5艘。"南云感到一阵轻松——果不出他所料。这时第二批从中途岛起飞的美轰炸机又飞来了，共有9架被称为"空中堡垒"的B—17轰炸机。日军将领哈哈大笑，这增加了他们的安全感，因为这种飞机不可能从航空母舰上起飞。轰炸也无结果，好在这种有坚固防护的巨型飞机不易被击落，大多被零式飞机赶走了。接着又飞来12架复仇者式侦察轰炸机。这种飞机性能较差。南云这次把所有的战斗机都派上了天，但这些零式飞机却表现不佳，飞行员们可能因不停地升空降落折腾了4个小时已疲倦不堪。战斗的结果两架美机被击落，两架因油料耗尽坠毁。中途岛上派出的飞机接二连三地受挫，岛上气氛十分紧张，守军已没有力量对付空袭、炮击以及接踵而来的登陆。

"敌舰队中似乎有一艘航空母舰殿后。"日军侦察机发回的这个报告比美机扔下的哪一颗炸弹都让日本人震惊，"糟糕！"南云的参谋长草鹿暗自吃了一惊。航空参谋源田感到中了埋伏。天上正盘旋着轰炸中途岛返航的飞机。应该怎么办？是让返航飞机降落补充油料弹药，还是把所有飞机派去攻击敌航空母舰？南云已派不出战斗机为轰炸机护航，所有战斗机都已升空，机上的油料所剩无几。另

"赤城"号遭遇灭顶之灾

外鱼雷机不少已换装上炸弹。足足有10分钟南云举棋不定。在"飞龙"号上以勇猛著称的第二航空战队司令山口多闻少将沉不住气，向南云发信号："我认为应立即命令攻击部队起飞。"可是南云与幕僚们商量后做出了致命性的决定：先回收飞机，立即清理甲板，让送下机库已装上炸弹的飞机再换装鱼雷。舰上的水兵又得重来一遍，搬上卸下。他们互相议论说："究竟在搞什么名堂？"清理了甲板，飞机开始降落。甲板下的机库里，穿着短衬衫和短裤的水兵正在汗流浃背地把重800公斤的炸弹卸下来。由于时间仓促，他们没有把炸弹送进弹药库，而是胡乱地堆在旁边，许多还装着引信。

弗莱彻和斯普鲁恩斯率领的舰队正相隔10海里停泊在离南云舰队200海里的地方。他们从中途岛得到情报，知道了南云舰队的准确位置。斯普鲁恩斯没有南云面临的麻烦，他与弗莱彻商量后立即下令"大黄蜂"号和"企业"号尽快派出除巡逻机外的所有飞机攻击敌航空母舰，他历来主张进攻就要不遗余力。116架飞机分成几批扑向日舰。南云还没有完全被命运抛弃。他的舰队改变了航向。从"大黄蜂"号上起飞的一批俯冲轰炸机没有找到目标，有些飞回母舰，有些降落在中途岛，还有几架因油料耗尽迫降在海上。护航的战斗机更惨，全部迫降在海上。其他飞机相继找到了目标，冲在前面的鱼雷机大多被零式飞机击落。源田非常得意，照这样打下去，他们会把美舰载鱼雷机全部消灭，然后向美航空母舰发起攻击。南云与舰上的人个个兴高采烈，观察哨欣喜若狂，大声报告战斗进程："还剩5架！""只剩3架……1架，1架！"最后大喊一声："全部击落！"

"约克城"号派出飞机较晚。在战斗机护航下鱼雷机群攻击日舰，遇上了近 20 架零式飞机，鱼雷机接二连三地被击落。航空母舰甲板上的日本兵欢呼着，打着呼哨表示祝贺。美机投下的鱼雷全都钻进了大海，战果全无。先后起飞的 41 架鱼雷轰炸机，只有 4 架飞回航空母舰，美国飞机被打得狼狈不堪。但这些劳而无功的攻击使南云的战斗机飞行员一直疲于奔命，这也是一种贡献，其意义很快就表现了出来。如果这时中途岛战役结束，日本人就算大获全胜了。南云靠他的战斗机飞行员的高超技术和舰上高射炮手的准确射击已经顶住了 93 架美国飞机的进攻。

南云的 4 艘航空母舰正掉头迎风，准备派出 108 架飞机去对付美国的航空母舰，甲板下还有 100 多架飞机等待加油装弹药。就在这时，没有料想到的事情发生了。

斯普鲁恩斯派出的飞机中有一批是由"企业"号上的飞行队长麦克拉斯基率领的，共有 32 架俯冲轰炸机。9 时 55 分他跟踪一艘掉队的日本军舰，10 分钟后发现了南云的舰队。除"飞龙"号外 3 艘航空母舰近在眼前。麦克拉斯基命令机群散开从三面夹击。美机背对阳光，利用云层掩护向下俯冲，十分准确地击中了目标。日本的战斗机还来不及作出反应。日航空母舰正在做第二次攻击的准备工作。炸弹先在"加贺"号右舷舰尾一排排飞机中爆炸。刹那间，甲板上一片火海，来不及起飞的飞机七歪八倒，有一架被掀得机头朝下，机身成了冒烟的烟囱，喷着烈火，吐着浓烟。接着又落下 3 颗炸弹，其中 1 颗落入升降机中，在停放飞机的机库中爆炸。这些加好油装好炸弹的飞机永远不能起飞了，舰上断了电，大火熊熊难以扑灭。

在"赤城"号上，第一架做好准备的战斗机正要从甲板上起飞，空中 3 架俯冲轰炸机就笔直地冲下来投弹。第一颗炸弹就命中，第二颗落在舰中部的升降机附近，升降机被炸得扭成一团掉进机库。本来航空母舰被打中两颗炸弹不会沉没，但日舰甲板上全是满载炸弹和汽油的飞机，而且机库里还有装好鱼雷和汽油待提升的飞机。更糟糕的是，那些 800 公斤重的炸弹还没有来得及送回弹药库。这些堆放着的炸弹接二连三被引发，加上飞机起火引起的爆炸，转眼间"赤城"号成为"一个烈火熊熊的地狱"。

南云被惊得目瞪口呆，凝视着火光，在他长期的军旅生活中还从来没有损失过一艘舰船。源田看着冒烟的航空母舰，说了一句"我们搞砸了"。南云在别人的催促下不顾体面地从舰桥窗口顺着绳子爬下去撤离"赤城"号，坐救生艇上了"长良"号轻巡洋舰，升起了自己的帅旗。

从"约克城"号起飞的轰炸机发现了"苍龙"号，在 3 分钟内 3 颗炸弹从天而降，沿左舷侧一字炸开。甲板上顿时烈焰蒸腾，弹药舱和油罐都被引爆，到处像放鞭炮一样地爆炸，大火笼罩着整个航空母舰。甲板下烫得像火炉，铁板被烧得开始熔化。漂亮而神气的"苍龙"号在短短 30 分钟内成了一座焚尸炉，柳本舰长下令弃舰，然后跳入火中，大部分幸存者被转移到了驱逐舰上。

在 6 分钟内，俯冲轰炸机就完成了前几批攻击飞机 3 个小时都没有完成的任务。这一奇迹般的胜利取决于从"企业"号和"约克城"号起飞的飞机不约而同在几秒钟内出现在目标上空，此外日本的零式战斗机只顾对付鱼雷机，而一时顾不上俯冲轰炸机。

10 时 50 分，在"飞龙"号上的山口少将对参谋们说："现在只剩下我们'飞龙'号了，我们将牺牲自己，消灭敌人。"自命不凡的山口一直看不起南云，他希望露一手，用"飞龙"号上的舰载机反败为胜，在返航时让败将南云灰溜溜地跟在后面。他向舰上的人通报了情况，大声说："现在要靠'飞龙'号继续奋战，为大日本增光。"山口和"飞龙"号舰长加来大佐在舰桥上与参战飞行员一一握手。山口派出18架俯冲轰炸机和6架战斗机去攻击敌人，还没飞到敌舰上空就与美战斗机打了一场激烈的空战。10架日机被击落，有几架日轰炸机投了弹，一颗炸弹把"约克城"号甲板炸了一个大洞，另一颗在烟囱里爆炸，第三颗落在升降机里。这艘屡经磨难的军舰经过抢救居然还能行驶。山口又派出第二批攻击机，有10架鱼雷机和6架战斗机，由老资格的飞行员友永带队。友永飞机的一只油箱已坏，飞去后就飞不回来，他破釜沉舟决心作一次一去不复返的攻击。日机在付出重大代价后射出两枚鱼雷，击中"约克城"号。"约克城"号这次受伤更重，舰上的动力、照明和通信系统尽遭破坏。

下午2时45分，弗莱彻和斯普鲁恩斯收到侦察机报告，弄清了"飞龙"号的准确位置。斯普鲁恩斯下令舰上所有能参战的俯冲轰炸机全部起飞，扑向目标。山口此时正在得意，他损失了5架轰炸机、9架战斗机，但战果不错，他准备再发动一次进攻。就在这时，炸弹纷纷落在"飞龙"号上，烈火蔓延，切断了通道，爆炸产生的碎片四处横飞。

"'加贺'号、'苍龙'号、'赤城'号遭敌陆基机及舰载机攻击后，正在猛烈燃烧。我们计划以'飞龙'号迎战敌航空母舰。"这份电报对正在几百海里之外坐镇指挥的山本来说如同晴天霹雳。他一直因肚子疼而显得苍白的脸在微微颤抖。山本还寄希望于发挥日本海军的特长，用夜战攻击美舰队。不久南云又来电："'飞龙'号中弹起火。"山本顿时感到心如刀绞。在他身旁的联合舰队参谋长宇垣自言自语："我们可别再碰上这样的一天了！"参谋们在纷纷议论怎样向天皇交代这一场败仗，一直沉默不语的山本突然开口："这事交给我，对天皇陛下谢罪只有我一个人。"

在击沉 4 艘日本航空母舰后，斯普鲁恩斯为避免夜战，在夜幕降临时十分明智地率领舰队向东撤退，准备在天亮后再追击敌舰，使得山本的最后一线希望也破灭了。

傍晚时分，落日将金色的余晖轻轻地撒在海面上，日军的驱逐舰围着燃烧的航空母舰。7 时左右，"苍龙"号发生剧烈爆炸，渐渐无声无息地在海上消失，10 分钟后在水下发生爆炸，然后海面恢复了平静。差不多与此同时，"加贺"号也无法抢救，连同 800 名官兵沉入海底。"飞龙"号拖到第二天凌晨才决定弃舰。山口和加来向舰上 800 多人作了诀别讲话，然后端起大水杯喝清水为告别干杯，再通过无线电向南云道歉。在水兵离开后，他们两人留在舰上，用布把自己绑在舰桥上，说是要共赏月色，然后与"飞龙"号一起沉没。山口被认为是日本海军的第一流将才，最有可能继山本之后任联合舰队司令。他的自杀被美国当作这次海战的重大胜利之一。

在 4 艘航空母舰中，日本人最想保全的是"赤城"号，这是一艘旗舰，是日本海军航空兵的象征。青本舰长用尽了一切办法，舰上机库的鱼雷和弹药舱接连发生爆炸，火势凶猛，灭火器都被炸坏，用水管救火就像用滴管去扑灭森林火灾一样无济于事。一切希望都成了泡影，人员被迫撤出。6 月 5 日，山本下令取消占领中途岛的计划，舰队撤退。到底怎么处置"赤城"号？让它漂在海面，就可能成为美国的战利品，只有用鱼雷击沉它。首席参谋黑岛痛哭流涕，不忍心用自己的鱼雷击沉它。山本语调缓慢沉重地说："我自己曾当过'赤城'号舰长，现在我必须下令击沉它，心里万分遗憾。我将向天皇陛下谢罪。""赤城"号中了日本制造的鱼雷后沉入水中，海面上泛起大团泡沫。

另一支由近藤率领的舰队先是调出几艘巡洋舰和驱逐舰去执行山本的夜战命令，官兵们盼望来一次冒死进攻中途岛。后来山本取消了夜战命令。这里离中途岛已不到90海里。突然在军舰周围冒出一艘美国潜艇，引起一阵混乱。在混乱中巡洋舰"最上"号和"三隈"号相撞，"最上"号舰首部分被撞断，受重伤，"三隈"号受轻伤，勉强能以缓慢速度开走。

在中途岛大战之时，北方的阿留申群岛也不平静。6月4日，32架日机又一次轰炸了荷兰港。由于中途岛战败，山本希望攻占阿留申群岛外侧的基斯卡岛和阿图岛，以报中途岛之仇，特派去一批军舰增援。这两个岛都被"攻"下了，原因很简单，岛上没有驻军。基斯卡岛无人居住，阿图岛上有10名气象员和为数很少的爱斯基摩人。日本人可以吹嘘占领了美国的国土。实际上由于中途岛还在美国手中，这两个岛对日本没有战略价值。以4艘航空母舰换取两个雾气朦胧的小岛实在得不偿失。日军在岛上驻扎了一支部队，看守着孤立无用的荒岛。

到6月6日拂晓，山本的麻烦还没有完。正在乘胜追击的美舰载飞机发现了被撞伤的重巡洋舰"三隈"号和"最上"号以及护航的两艘驱逐舰。"三隈"号遭到从"大黄蜂"号航空母舰上起飞的飞机的密集轰炸后起火，火势猛烈，看来它气数已尽。舰上人员离舰，撤到"荒潮"号驱逐舰上。但祸不单行，一颗炸弹又击中"荒潮"号，许多人被气浪掀进海里，几百个日本水兵漂浮在海上，听天由命。"最上"号在挨炸再次受伤后还是摇摇晃晃开回特鲁克港，修复它花了近一年时间。对山本来说，让他稍稍得到宽慰的是肚子疼的原因查清了，是蛔虫在作祟。

战斗还没有完全结束，胜利者也将面临一件让人痛心的事。6月5日清晨，"伊—168"潜艇艇长田边接到命令寻找一艘受伤的美国航空母舰，将其击沉。日本潜艇上没有雷达，要靠肉眼去发现目标，还得避开为航空母舰护航的驱逐舰，最好是选择一个有亮光但天色又比较暗的时刻接近攻击目标。6日清晨，田边发现了远处由7艘舰艇护航的"约克城"号。他的潜艇悄悄地跟踪，潜入驱逐舰的警戒圈内，小心翼翼地向攻击位置运动，在距目标1500米时停下发射出4枚鱼雷。这时"约克城"号上的火已扑灭，正在逐步恢复正常。两枚击中它的鱼雷又把它送上绝路。"约克城"号令人难以置信地又在海上漂了整整一夜，慢慢地下沉。驱逐舰列队聚在它周围，举行了告别仪式，各舰下半旗，全体人员脱帽肃立，目睹它的沉没。

6月7日下午，山本还在想如何挽回败局。他下令把正在追击中的美国航空母舰诱入威克岛日本陆基飞机的防御圈内，予以消灭，但没有成功，美国舰队不中计，主动放弃追击。至此中途岛战役结束。

此次战役胜败显而易见。美国损失1艘航空母舰和1艘驱逐舰，日本损失4艘航空母舰和1艘重巡洋舰；美国损失150架飞机，日本损失322架；美国官兵战死307人，日本战死3500人，其中许多是技术熟练的飞行员。

在失败的痛苦中受折磨的日本当局极力饰败为胜。官方公报吹嘘日本取得了巨大的胜利，在北方战果赫赫，在中途岛以一艘航空母舰和35架飞机为代价击沉美航空母舰两艘，巡洋舰、驱逐舰、潜艇各一艘，飞机120架。但它多少有些心虚，官方又以"节约报国"为借口不让市民举行庆祝会和提灯游行。为了掩盖真相，日本政府采取了令人吃惊的极端措施：伤员在一个不引人注意的码头被秘密送往横须贺海军医院，断绝与外界的联系，不准人探望，不准打电话、写信，就像生活在拘留营中。但打败仗的消息仍在街头巷尾流传，保密的结果是失信于人。

开战以来美国人听到的大多是坏消息，简直不敢相信这一惊人的胜利。报上刊登了中途岛大捷的消息，还附有"赤城"号在海上燃烧的大幅照片。在宣称获胜的战报后面尼米兹还文绉绉地加上了一句双关语："如果说我们到达了目标的中途，人们也许能谅解我们。"

中途岛战役，使美国放下了盾牌拿起了利剑，转守为攻，从此可以在海上通行无阻，而日本则被迫采取守势。出言谨慎的尼米兹不愿效法日本海军那样在获胜后患上"胜利病"，不可一世。他宣布"珍珠港之仇部分已报。不彻底打垮日本海军，此仇还不能算全报。"

六

死亡之岛

中途岛一战使日本海军遭受了350年以来第一次惨败（16世纪末曾在侵略朝鲜时被中国朝鲜联军打败），日本控制中太平洋的希望破灭。日本海军又拣起中途岛海战前的战略设想，重新考虑对西南太平洋地区用兵。他们还可以在这一地区称雄。但军事行动的规模没有以前计划的那么大，不再坚持执行攻占斐济和萨摩亚的"FS作战计划"。6月底东京的大本营决定恢复在珊瑚海海战中被搁置的攻占新几内亚岛莫尔兹比港的计划。莫尔兹比港距澳大利亚只有270英里，占有它就能控制整个澳洲东北部和珊瑚海一带。

海军惨败，日本陆军的锋芒未损。陆军第17军奉命担任南下入侵的主力，由军长百武晴吉中将指挥。同时为加强在这一带的海上作战，大本营于7月14日决定组建第8舰队，任命三川军一中将为司令，司令部设在拉包尔。很快，日本陆军的横山先遣队在海军策应下，于7月21日在与莫尔兹比港隔山相望的布纳附近登陆，然后进入内陆，穿越难以通过的丛林，向莫尔兹比港进攻，一路旗开得胜，打败了一支澳大利亚军队，颇为顺利。

美军在瓜岛丛林

当日本大本营正精心策划并步步实施向南进攻时，美国参谋长联席会议正加紧调兵遣将，准备在西南太平洋地区迎击日军。这时浩瀚的太平洋已被美国划为两部分：西南太平洋地区，包括菲律宾、南中国海、暹罗湾、荷属东印度的一大部分、澳大利亚和所罗门群岛；太平洋其他地区，包括马绍尔群岛、加罗林群岛和马里亚纳群岛。这样形成两个战区，分别由麦克阿瑟和尼米兹出任司令。陆军总参谋长马歇尔和海军舰队总司令金商量了几次，终于制订了一项在西南太平洋地区反攻的作战计划。根据这一计划，反攻将分成三个阶段：第一阶段由尼米兹指挥，在8月1日前后攻占所罗门群岛中的图拉吉岛，使日本失去这个海上飞机基地；第二、三阶段由麦克阿瑟指挥，任务是攻下新几内亚岛的莱城，然后以此作为跳板攻占日本在新不列颠群岛上的重要基地拉包尔。这一作战计划的代号被称为"瞭望塔行动"。为执行第一阶段行动，美军又组建了南太平洋部队，任命罗伯特·戈姆利中将为司令。

7月4日，美侦察机发现日军一支工兵部队正在图拉吉岛附近的瓜达尔卡纳尔岛上修建机场。如果让日军建成这个机场，从瓜岛起飞的日机就能轰炸附近岛屿上的美军基地，控制这一带海域。故而尼米兹修改了计划，要求戈姆利在攻下图拉吉时顺带也攻下瓜岛。

瓜达尔卡纳尔岛位于所罗门群岛南侧，是日军最南端的前哨。这个小岛位于赤道以南10度，本来是个宁静的地方。岛上一片葱绿，沿海有茂密的树林，还有色彩缤纷的珊瑚礁。一串蜿蜒起伏深绿色的死火山像脊梁骨一样贯穿全岛，这些地方几乎没有道路，极难通行。只有北部沿海起伏的丘陵与平原之间的狭长地带才能展开军事行动，即使在这里，也是河流纵横，山岭连绵，长着一丛丛锋利如刀的茅草。日本海军发现岛上适合修机场，就派了一支工兵上岛施工。

奉命为美军登陆部队提供海空安全保障的弗莱彻对攻占图拉吉和瓜岛的行动很不积极。他吃过日本轰炸机的苦头，在珊瑚海海战和中途岛海战中各丢了一艘航空母舰。这次听说要把他的航空母舰停泊在日军陆基飞机攻击范围内的危险海域时，他不禁不寒而栗，提出他的舰队不能在这里停留48小时以上，后来在登陆部队指挥官的强烈要求下，勉强同意再多留一天。

8月6日，美军的两栖部队向所罗门群岛前进，4艘运输舰和4艘驱逐舰开往图拉吉，15艘运输舰和8艘巡洋舰（包括3艘澳大利亚舰只）开往瓜岛。在离运兵船100海里的地方还埋伏了一支强大的舰队，拥有3艘航空母舰、1艘战列舰、5艘重巡洋舰、16艘驱逐舰。17000名海军陆战队员作为瓜岛登陆部队，指挥官是范德格里夫特少将。8月7日清晨，两队运输舰抵达各自的目标。舰炮先是猛烈炮击海滩，日军被打得措手不及，不到30分钟所有运输舰都靠近海滩。从航空母舰上起飞的俯冲轰炸机和战斗机在海岛上空出现，开始向纵深扫射，毫无防备的日本人从睡梦中惊醒。

"登陆队上岸。"在命令声中海军陆战队员们从软梯爬下上了登陆艇，奋力向岸边划去。在图拉吉，陆战队员一拥而上，海滩上没有发现一个人影，好像来到一个无人居住的荒岛。不久守军在北面开始拼命抵抗，并向拉包尔发电告急："敌军锐不可当，我军誓将坚守阵地，愿武运长久。"三天后守岛日军才被全部肃清。在瓜岛，美军士兵冲上海滩时也没有遇到炮火，大家安然地通过无遮无掩的沙滩走进丛林搜索。在岛上有2500名日本人，其中大多是工程人员，他们对美军登陆没有反击，而是惊恐不解地向拉包尔发报询问："来的这些船是干什么的？"第二天海军陆战队员占领了快完工的简易机场，日军没吃完的饭还放在桌子上，人都已逃入山中，逃跑前既没有破坏设施和各种物资，也没有炸毁跑道。为纪念在中途岛战役战死的飞行英雄亨德森中校，美军将瓜岛的这个机场命名为亨德森机场。

在拉包尔的日军收到岛上守军的电报，很快就派出27架轰炸机在战斗机护航下飞往瓜岛。飞行员在瓜岛附近找到了几十艘舰船，正准备攻击，从高空冲出6架最新式的美国野猫式战斗机，冲乱了轰炸机的队形。海面上的舰船趁机四散分开躲避空袭。日机轰炸没有造成多大损害，假如向堆在岸边的给养投弹，效果会好得多。

对美军占据这两个小岛，驻拉包尔的日本陆海军看法不一。百武晴吉认为是佯攻，不能分散兵力去对付，仍应执行原有计划夺取莫尔兹比港。而三川军一断定这是一次反攻。他无法说服百武，决定自己单干，于是勉强凑了400多名海军陆战队员乘运输舰跟随他的舰队出发去瓜岛。

8月7日夜里，三川亲率5艘重巡洋舰、2艘轻巡洋舰、1艘驱逐舰向南驶去。他的舰队冒险进入所罗门群岛的狭窄海峡，在海峡口被一艘守候的美国潜艇发现，但因相距太近，舰队激起的巨浪使得潜艇无法发射鱼雷。舰队幸运地驶出这一险恶的"狭缝"。拂晓时三川的舰队驶抵布干维尔，他把舰队分散开以迷惑空中的侦察机。当一架澳大利亚侦察机在他的旗舰"鸟海"号上空盘旋时，"鸟海"号立即改变航向，装作要开回拉包尔。后来又来了一架侦察机，他又做出假象，使得盟军空中侦察连连失误，居然使侦察机认为事情不重要，不必报告。不久他在瓜岛北面的萨沃岛附近发现美舰队。这时美舰与日舰的数量比例是 26：8。

到黄昏时分，三川率舰队直奔瓜岛。他下令夜间从萨沃岛南面出发，攻击停泊在瓜岛的敌舰，然后扑向图拉吉岛，用火炮和鱼雷再次攻击，最后从萨沃岛北面撤出。对三川来说幸运的是弗莱彻因害怕日机轰炸已擅自提前把航空母舰撤离了这一带。

三川的舰队高速扑向萨沃，后面泛起荧光闪闪的浪花。旗舰"鸟海"号一路领先，接着是 4 艘重巡洋舰和 2 艘轻巡洋舰，殿后的是 1 艘驱逐舰。各舰都做好了战斗准备，甲板上的易燃物抛进了大海，深水炸弹和其他暂时用不着的东西收到甲板下面。在漆黑一片的远方，美国舰队正静静地散在海上，水兵们已进入了梦乡。日舰不像美舰，都还没有雷达，发现目标要靠锐利的双眼。三川站在舰桥上看到前面出现了一个朦胧的影子，这是在担任警戒任务的美国驱逐舰"布卢"号。日舰正准备开炮，"布卢"号竟然掉头开走，给三川的舰队让开了道。"布卢"号可能把驶近的日舰当作友舰而并没在意。

在到了最有利的位置时，三川下令"所有舰只同时进攻"。随后一串每颗带着 1000 磅炸药的鱼雷奔向重巡洋舰"堪培拉"号和"芝加哥"号。三川派出的水上飞机投放了照明弹，盟军的军舰成了靶子，两枚鱼雷穿进"堪培拉"号舰首，接着打来的炮弹落在舰上，舰长和炮长被当场打死。"堪培拉"号上的水兵拼命地把易燃物投入海中，但为时已晚，在燃烧中这艘巡洋舰被彻底炸毁。"堪培拉"号旁边的驱逐舰"帕特森"号也被探照灯光照住，中弹失去战斗力。作战经验丰富的三川毫不放松地转而进攻"芝加哥"号。"芝加哥"

号舰首被鱼雷炸开一个洞，还挨了一颗炮弹，于是开足马力逃走。受到攻击的舰只被打昏了头，谁也没有想起把发生的情况通知在北部海域的另一支盟国舰队。

三川用了6分钟打击了在南部海域的盟国舰队，自己没挨一颗炮弹，他继续沿着萨沃岛寻找新的猎物。深夜时分，在美舰毫不知晓时，"鸟海"号射出鱼雷，准确地命中"阿斯托利亚"号重巡洋舰，格林曼舰长从睡梦中被惊醒，奔上舰桥，想弄清出了什么事，还以为是友舰在乱打炮。不等他弄清楚，"鸟海"号打出的一发发炮弹在甲板上爆炸，舰上起火，灭火水管大多破裂。附近的重巡洋舰"昆西"号受不了如雨点般打来的炮弹，只得在萨沃岛海滩上搁浅。"昆西"号上一名幸存的水兵后来回忆当时的情景，舰上"玻璃的破碎声，钢铁的撞击声，压缩空气管里空气的嘶嘶声，无数炮弹的爆炸声和伤兵可怜的叫喊声，全都汇集在一起，似乎在为'昆西'号高唱挽歌"。"文森斯"号重巡洋舰舰长里科尔更是糊里糊涂，他发现有探照灯照在他的军舰上很恼火，想让那艘冒失的友舰把探照灯灭掉，正要下命令，一排炮弹打来。"文森斯"号吃了几枚鱼雷，雨点般的炮弹落下来，正在他要下令弃舰时，日舰探照灯全部熄灭，炮战像突然开始时那样突然停止。

三川发出信号"全速返航"，日舰队丢下正在熊熊燃烧的美舰班师回营。已获大胜的三川没有率舰队去攻击在瓜岛的美运输舰队，大概他担心等到击沉运输舰后天将放亮，回拉包尔的航程又很长，大白天很可能会受到美舰载机的攻击。他不知道弗莱彻早已带着航空母舰驶离所罗门群岛。假如他去击沉载有大量给养的美军运输舰，美军或许会放弃瓜岛。

这一场海战日军大获全胜，美国海军蒙受了在海战中最丢脸的失败，与珍珠港事件一样悲惨。"昆西"号在驶进所罗门群岛的狭窄海峡后不久便沉入海底，一刻钟后"文森斯"号沉没，"阿斯托利亚"号和"堪培拉"号不久也相继葬身海底。这条海峡后来被称为"铁底海峡"。

拂晓，萨沃岛周围的海面浮着厚厚一层油，到处是军舰残骸，半死不活的水兵紧抓住海面的漂浮物不放。日本击沉了盟军4艘重巡洋舰，打死1023人，自己一艘军舰也没有损失。美军所有的舰只都丧魂落魄地撤离所罗门群岛逃回新喀里多尼亚岛。被抛弃在瓜岛和图拉吉的海军陆战队既缺少武器弹药，又缺乏粮食。脾气暴躁的范德格里夫特气得发抖，大声咆哮："我们就像地地道道的傻瓜，光着屁股被人抛弃了。"

日本海军取得了大胜，但瓜岛的失陷让他们很恼火。他们很不情愿地问陆军是否愿意把这个岛上的美军消灭。当时陆军许多人对瓜岛在哪儿都不知道，但还是表示愿意帮忙，问需要多少军队。海军回答不用太多，岛上只有2000名美国海军陆战队员。他们以为美军要到1943年才会发动反攻，断定这是一次局部战事。陆军同意了，遂命令在拉包尔的百武派6000人去瓜岛。这6000人中有海军陆战队500人，川口支队3500人，还有原计划用于攻占中途岛后折返回关岛的一木支队2000人。

川口支队的部队长川口清健将军接到命令就意识到将有一场恶战。他预言，这个岛将是争夺太平洋的焦点。他让军官给士兵发3个月的饷，告诉士兵他们即将去执行"一次非常重要的任务"，许多人可能阵亡。

从关岛出发的一木支队第一梯队乘船先到达瓜岛。8 月 18 日，好勇斗狠的一木清直大佐与 915 名士兵上了岸，没有遇到抵抗。他留下 125 人守卫海滩，自己率队沿岸而上。一木急于立功，不等其余部队到达就想发起一次奇袭。谁知道他的行踪已被发觉，美军早有准备。8 月 20 日深夜，一木在椰林中集结好队伍，下令进攻。追击炮弹向美军阵地落去，机枪向丛林猛扫。几百名日军跃出椰林，端着上了亮闪闪刺刀的枪向前冲去，高喊着"万岁"，边跑边射击，还扔手榴弹。迎接他们的是泼水般的机枪火力，挥舞着战刀冲在前面的军官倒下了。成群的日军被打死，剩下的逃回椰林。美军切断了一木的退路，日军拒绝投降，伤员大喊大叫拒绝救护。范德格里夫特派了几辆轻型坦克向负隅顽抗的日本兵猛冲，压死走投无路的日军，坦克履带上满是血肉。到第二天天亮，椰林里只剩下少数日本兵，团团围住一木。一木身负重伤，下令烧掉染上他鲜血的军旗。坦克压过来，日本兵一个个被压死，一木在被压死前拼足最后的力气用军刀切腹自杀。进攻的日军全军覆没，只有两人逃回。事后有一个日本军官形容一木的进攻"好像是一只家蝇在攻击一只乌龟，家蝇完全处于劣势"。

一木支队惨败的消息传来，东京大本营开始认真对待瓜岛的战事。好赌的山本五十六把瓜岛看作诱出美舰队进行海上决战的好由头。山本派出庞大的舰队向瓜岛进发，这支舰队由 6 艘潜艇在前面开道，然后是近藤中将率领的 6 艘巡洋舰和 1 艘水上飞机母舰，最后是南云的机动舰队，有航空母舰"翔鹤"号和"瑞鹤"号，由 2 艘战列舰、3 艘重巡洋舰陪同。还有一支牵制部队，拥有轻型航空母舰"龙骧"号、一艘重巡洋舰和两艘驱逐舰，准备用作引诱美国航空母舰的诱饵。

弗莱彻率领航空母舰"企业"号、"萨拉托加"号和"黄蜂"号、7艘巡洋舰和18艘驱逐舰应战。一时间未见日舰踪迹，弗莱彻估计几天内不会有战斗，就让"黄蜂"号离队去补充燃料。

8月24日早晨，美侦察机首先发现作诱饵的日牵制部队。弗莱彻上了当，派出轰炸机去袭击"龙骧"号。在炸弹和鱼雷的交相攻击下"龙骧"号逐渐倾斜，无法开动，但它完成了任务。跟在后面的南云机动舰队的舰载机炸伤了"企业"号，迫使它返回珍珠港大修。弗莱彻只有一艘航空母舰，只得率队迅速向南撤退。这是一场不分胜负的交战。但弗莱彻只损失了17架飞机，南云却损失了70架，日本海军是经不起这样的损失的。

因为运输船队屡遭空袭损失严重，日本联合舰队决定放弃用船队运部队在瓜岛登陆的想法，转而采取以高速舰艇避开空袭，将陆军部队送往瓜岛。这种运输主要是趁晚间像老鼠那样行动，被称为"鼠式运输"。其运输量受限制，往往不能运送充足的弹药、粮食和车辆。从川口支队开始就采用了这种"鼠式运输"。

川口支队分成两队，计划由川口带2400人在塔伊乌角上岸，冈大佐带1100人在机场西面登陆，两人再从两处包抄亨德森机场，发起进攻。川口带人乘8艘驱逐舰在黑暗中全速前进，后面留下长长的水花，海面上无数萤火虫来回飞舞。到了塔伊乌角，士兵们悄无声息地上了小艇，每个人身上的萤火虫组成一条长长的光带。这时从丛林中出来了几个身穿破军装的日本士兵，他们是一木支队第一梯队的幸存者。"快把身上的虫子抖掉，"面黄肌瘦的士兵很有经验，"在沙地上留下脚印等于自杀。"他们熟练地用树叶把脚印扫掉。川口送走驱逐舰后带队进入丛林。他在岛上收容了一木支队第二梯队的1100人，留下300人和12门大炮看守给养，然后带着3100人向机场前进。

冈大佐带的人在航行途中因遭受空袭和台风损失严重，登陆后只剩下450人，又因缺少粮食弹药难以作战。山口是无法指望他帮上忙了。而守卫机场的美国海军陆战队有19000人。范德格里夫特还总是感到自己在数量上处于劣势，准备一旦守不住就上山打游击。这两个星期以来，日本海军几乎每夜都要出来轰击美军阵地。

山口把队伍集合在机场后面，宣布要用突然袭击的办法攻下机场。9月13日晚上9时，是预定总攻的时刻，响起了一片呐喊声，川口的2100名士兵向控制机场的高地冲去，蜂拥而上。此次冲锋很快被击退，但没死的日军又发动冲锋。先是放烟幕弹，接着边冲边用英语喊"毒气"。高地上的美军一度向后撤了一段。日军踏着遍地同胞的尸体盲目地向前冲，直到倒下。在整个高地上，美军以优势的火力顶住了日军的疯狂进攻。天亮后，高地上像个屠宰场，此后这个高地被称为"血岭"。600具日本兵尸体横七竖八地躺着，美国兵只死了40人。

川口带着残兵抬着伤员退下去，他只剩下800人还能打仗。天黑以后他不甘心，再次发动进攻。情况比前一天晚上更糟，猛烈的炮火把日军团团围住，机枪子弹逼得日本兵整整一夜趴在地上。他们已经看到了机场，但永远也到不了。川口支队的残部在丛林中走了一个星期才回到海边。这是太平洋战争爆发以来日本陆军部队的第一次溃退。

日本陆军吃了败仗，而日本海军一时间却占了上风。一艘日本潜艇向"萨拉托加"号航空母舰发射了一枚鱼雷,弗莱彻也在舰上受了伤,这艘航空母舰要修上几个月才能重新使用。不久"黄蜂"号航空母舰又中了潜艇的鱼雷,引起大爆炸不得不弃舰,同时遭难的还有战列舰"北卡罗来纳"号。这样,美国海军只剩下一艘航空母舰和一艘战列舰为守岛将士撑腰了。

两次进攻受挫,百武晴吉决定亲自去瓜岛指挥,带上全是仙台人的第二师团和第17军炮兵队。山本五十六保证必要时动用联合舰队的全部力量把他们安全送到瓜岛。山本履行了自己的诺言,10月9日运输舰把第二师团和第17军军部一起安全运到瓜岛海滩。一包包大米和其他给养被抬上岸。一个个衣衫褴褛的人从丛林中走出来,他们像是会走路的骷髅,蓬头垢面,自称是一木和川口的残部,来帮助卸货。这些人偷走了卸下的大部分大米。百武发现岛上幸存的日本兵景况十分凄惨,他们全都肋骨宽大,头发已变得蜡黄,一抓就是一把,眉毛都在脱落,牙齿在摇动。每个人几乎几个星期都没大便过,身体严重缺盐,尝到海水都是甜的,一喝水就想大便,但又拉不出来,不得不互相用手指去抠,便后感到无比的舒服。

而这时由堀井将军指挥进攻莫尔兹比港的日军已能看到港口的灯火,但因瓜岛作战失利,第17军的主要力量要首先用于瓜岛,只得再次放弃攻占莫尔兹比港的计划,撤回进攻的日军守卫布纳。这支日军在途中遭到美澳联军的夹击后溃败,堀井丧生。

为增强瓜岛日军的力量,日本海军派出一支由2艘小型海上飞机母舰和6艘驱逐舰组成的舰队,装上榴弹炮、各种物资和增援部队去瓜岛。在它的后面潜伏着一支舰队,是由五藤少将指挥的3艘巡洋舰和2艘驱逐舰。这时美国海军的斯科特少将领着9艘舰只正在瓜岛附近巡弋，发现了忙着卸货的日本运输舰队，正准备攻击，后面出现了5个黑影。斯科特当机立断向五藤的舰队发起突然袭击，日舰沉没两艘，旗舰受伤，带着垂死的五藤逃回。美舰一沉一伤，但百武急需的大炮、弹药和增援部队都被送上了岸。

运送物资的拉锯战胜利者是美国人，大量的武器给养运来卸下，应有尽有。双方都在积蓄力量准备一战。日军的飞机和舰炮每日袭击机场，使得机场满是瓦砾，工兵们整日忙个不停，用推土机填平弹坑。机械师赶修飞机，他们有本领把十几架飞机的残骸拼凑组装成飞机再送入空中。山本还派出两艘巨型战列舰"金刚"号和"榛名"号，用36厘米口径大炮轰击机场，机场顿时成了一片火海。燃料库和弹药库纷纷爆炸，士兵们在地动山摇中躲进掩体，这成了他们一生中最可怕的一段经历。机场又被炸得面目全非，很多飞机被炸毁，只剩下41架飞机还能用。夜间的炮击和白天的空袭使瓜岛充满恐怖的气氛。除睡眠不足外，日渐猖獗的疟疾、痢疾使海军陆战队员越来越消瘦乏力。但幸运的是要不了几天就有大批物资源源不断送来。修好机场后许多运输机在岛上着陆，运来武器给养，随后运走伤员，开创了一种边补给物资边撤走伤员的空运行动，对美军士气鼓舞很大。

另一方面，经过多次补充，百武手下也总算有了两万多人和充足的大炮、弹药，可以发动进攻了。而尼米兹在亨德森机场被炮击后决定选个勇敢的人代替戈姆利出任南太平洋部队司令。哈尔西走马上任，亲自去瓜岛视察、部署兵力。他给范德格里夫特打气："放心大胆干吧，我会把我的家底全调给你。"

为了进攻美军据点，百武准备出动22000人分三路出击。第二师团长丸山率领7000人，沿着工兵为他开辟的一条穿越稠密森林的小道前进。丸山的攻击目标是机场。百武计划在丸山的突击部队强攻时，各路日军展开牵制性进攻。但丛林中的小路太难走，总攻的日期一再推迟，费尽力气运来的大炮不得不丢在路边。上次率队进攻失败的川口负责在丸山东侧发起进攻，他没有按时到达集结地点，被丸山撤了职。

10月23日，没有收到进攻延期消息的一支日军提前发动了进攻，还有几辆坦克支援。这次过早的进攻在美军的密集炮火中被粉碎。10月24日，就在丸山预定发动进攻的前一刻，天空中乌云滚滚，下起了瓢泼大雨。几分钟内，山间小路尽是滑溜的泥浆。丸山只得下令再次推迟进攻。晚上7时，丸山不能再等了，仓促发动了进攻。日军士兵丢开伪装，慢慢向前爬，在冲到铁丝网前遇到阻击，冲在最前面的日军全部被击毙。第二批日军爬过同伴的尸体又向前猛冲。铁丝网有一处被突破，古宫大佐带头冲过缺口，高举战刀杀向美军机枪阵地，自己的后路被美军堵死，他就带人不顾死活地向机枪火力点猛冲，纷纷倒下。日军的右翼部队也投入了战斗，战斗十分激烈，刚被调来接替海军陆战队防务的美国陆军也顶了上去。美军防线数处被突破，但没有崩溃。几小时后日军的攻势一次比一次弱。残存的日本兵受不了这样惨烈的杀戮，逃回雨水淋淋的丛林。在一处战场，整整一排日本兵被美军隐蔽的反坦克炮的平射炮火击中，全部士兵都血肉模糊地倒毙在地上，尸体还保持行军时的队列。丸山向百武发出一份电报，承认"攻占机场尚有困难"。

第二天晚上，丸山准备发动"最后的决死进攻"。夜幕降临，美军士兵在掩体中紧张地等着。突然成群的日本兵又钻出丛林发起冲锋。"万岁!""海军陆战队，今晚全完蛋!"日本兵用刚学会的英语大声喊着。可完蛋的是他们自己，冲锋的日本兵在火力网中挣扎，绝望的日本兵冲入美军阵地用刺刀、战刀、枪托和拳头展开疯狂的肉搏战，直至再也不能动。带队进攻的那须少将胸部中弹，被担架抬回司令部，他向丸山伸出一只有气无力的手，一句话没说完就咽气了。第二师团有三分之一的士兵抛尸荒野，一半军官阵亡。丧尽元气的日军返回可怕的丛林，开始了5天的漫长行军，在途中还要再少掉一半人。

山本最关心的还是与美国舰队决战。他得到陆军发动进攻的消息，就迫不及待命令近藤中将率舰队南下，舰队中包括南云的机动舰队。另一支小舰队由"由良"号轻巡洋舰率领8艘驱逐舰支援陆军进攻机场。天亮后消息传来，机场并未攻下，山本担心陆基飞机对舰队的威胁，又命令近藤按兵不动，在瓜岛东北300海里处活动。而那支小舰队不了解情况，成了从亨德森机场起飞的飞机的攻击目标。一颗炸弹炸中"由良"号的锅炉房，接着又有几颗炸弹命中。佐藤舰长下令弃舰，然后用绳子把自己绑在舰桥上。

山本用航空母舰吸引美国舰队决战的想法没有落空。哈尔西命令金凯德少将带着航空母舰"企业"号（刚刚抢修好）和"大黄蜂"号、9艘巡洋舰、24艘驱逐舰去瓜岛，阻截日本的航空母舰。南云因曾在中途岛海战中大败而对决战犹豫不决，决定向北撤。决意决战的山本为迫使南云行动，故意用很难听的话激怒他。南云只好率舰队向美舰队驶去。

10月26日清晨，双方距离只有250海里，且都已发现了对手。南云的参谋长草鹿紧张地催促全部舰载机升空，不能像中途岛海战中那样让飞机在舰上完蛋。美国的第一批攻击机飞来了，双方在空中相遇，发生了一场短时间的空战。日机先发现了"大黄蜂"号，几颗炸弹落在舰上，一架飞机故意撞在飞行甲板上，机上的炸弹随之爆炸。两枚鱼雷打进轮机舱，另一群飞机肆无忌惮地从舰首扫射到舰尾。"大黄蜂"号顿时淹没在大火中。

"大黄蜂"号的舰载机这时也在日本巡洋舰"筑摩"号身上出了气，让它吃了几颗炸弹。另一群美机向南云的旗舰"翔鹤"号俯冲，千磅炸弹在舰身开花。"企业"号也遭到几十架日机围攻，幸亏护航舰只防空炮火密集，只有两颗炸弹炸中。"大黄蜂"号就没有这样的好运，它成为日机的固定靶子，身中百弹，这艘曾经载机首次轰炸东京的航空母舰终于沉入海底。

山本得到获胜战报，无法入睡，乘着月色在"大和"号甲板上来回散步。回到舱内，他还写了几句日本古诗体的俳句。日本人在自己未损一舰的情况下取得了一次战术胜利，但美国人却赢得了时间，挫败了日军夺回瓜岛的两栖进攻。甚至连山本在私下也承认，陆军已三次失败，夺回瓜岛难以成功。山本的参谋长宇垣看出这样旷日持久的消耗战不是办法，他在日记中叹息："击败了这批又来了那批，杀了旧的又来了新的，难办，难办。"

日本陆军仍不愿放弃瓜岛，计划再派第38师团去瓜岛。先由阿部弘毅中将率一支由2艘战列舰、1艘轻巡洋舰和14艘驱逐舰组成的舰队，用舰炮压制亨德森机场，使飞机不能起飞，让运输舰队顺利卸货。而美军的卡拉汉少将带着2艘重巡洋舰、3艘轻巡洋舰和8艘驱逐舰正等着阿部。11月13日凌晨，两支舰队在瓜岛附近相遇，几乎要相撞，发生了一场混战，乱得卡拉汉要下令美舰停止向自己的军舰开火。这场混战打了不到半小时，"铁底海峡"上一片火海。美国舰队只有一艘舰只未受损伤逃脱，一艘巡洋舰、两艘驱逐舰沉没，卡拉汉阵亡。日本舰队一艘驱逐舰被击沉，另外一艘失去动力在海面上漂浮。天亮后美巡洋舰"尤诺"号中了潜艇发射的鱼雷爆炸沉没。阿部的旗舰"比睿"号战列舰在海上遭到飞机的轮番攻击也葬身海底。

日军运送士兵和物资的 11 艘运输舰在 12 艘驱逐舰护航下，由勇猛的田中少将率领火速向瓜岛前进，但在途中被美机发现，两艘运输舰遭重创。田中想到百武急需增援和补给，就冒着空袭，不顾伤亡继续开向瓜岛，最终只有 4 艘运输舰靠岸。在海岸又遭飞机袭击，运兵舰束手无策，简直就像一场屠杀。空中有些飞行员看着海面支离破碎的尸体以及被血染红的海水禁不住要呕吐。田中运送的12000 名士兵和 1 万吨给养，只有 4000 名丧魂落魄的士兵和 5 吨给养抵达目的地。在给运输舰护航中日本的战列舰"雾岛"号又被重创，被迫在海上打开阀门自沉。争夺瓜岛的海战进行了 3 天，日本海军遭遇一场场海战，有 76000 多吨的船只被击沉，山本想在瓜岛与美海军决战取胜的希望彻底破灭。

日本陆军依然决心夺回瓜岛，为此还改编了部队。由第 17 军全力对付所罗门群岛战事，第 18 军进驻新几内亚。两军组成第 8 方面军，归今村均中将指挥。今村去东京接受任务后得到天皇召见，天皇脸上闪着泪花，表示知道日军在瓜岛备受苦难，希望今村火速解救他们。今村回拉包尔后电告百武，他在一月内将派两个师团增援，让百武报告实情。百武告诉他，岛上的日军靠吃草根已达一个月，平均每天饿死 100 人，等到援军到达，可能岛上已活不下来几个日本人了。今村也没有好办法，只好用好听的言辞安慰百武，称他的部下"官兵之忠诚勇敢足以泣鬼神"。

由于损耗太大，日本已抽不出多少船向瓜岛运送物资。海军想出一个办法，用大铁桶装药品、粮食，不装太满，使它能浮出水面，然后用绳子拴在一起挂在驱逐舰上。到了瓜岛后将绳子砍断，岸上的人再把铁桶拉上岸。11月29日，田中带领8艘驱逐舰拴上铁桶南下，在途中与美舰相遇。日舰立即抛下铁桶迎战。这次田中打得很好，在半小时的海战中痛击了远比他强大的美国舰队，以损失1艘驱逐舰为代价，击沉美巡洋舰1艘，重创3艘，但铁桶没有送到岛上快要饿死的日军手中。两天以后，他成功地送了一批铁桶。几天后他又干了一次，但因遭空袭和潜艇骚扰没有成功。

在瓜达尔卡纳尔岛上日军中疟疾流行，大部分人因患脚气病而走路困难，士兵们最大的敌人是饥饿，得到的食品不及定量的三分之一。为防止美军反攻，百武规定，在第一线阵地守军中，尚能作战的伤病员守卫阵地，拄着拐杖能走路的人搬运粮食做饭，身体最好的人外出侦察或在夜间骚扰美军阵地，以局部的战斗行动使美军不至于发动攻势。后来情况更糟，粮食供应更紧，饿肚子的日军就挖了无数的单人掩体。他们躲在里面，准备人自为战。那些病饿交加、身体极度虚弱、不能战斗的士兵躲在海滩上，那里尸臭熏天，活着的人都没有力量赶走苍蝇。士兵们根据经验列了一张死亡期限表：

能站者——可活30天

能坐者——可活20天

躺着小便者——可活 3 天

不能说话者——可活 2 天

不能眨眼者——凌晨即死

对日本来说，有"死亡之岛"、"饥饿之岛"称号的瓜岛成了一个烫山芋，吃也吃不下，拿也拿不住。运送给养越来越困难，铁桶运输已证明行不通，只有用潜艇和空投送去少量药品和粮食。日军的潜艇被匆忙改装成水下运输艇，卸下鱼雷，用来发射物资管筒。

东京对瓜岛前途意见不一。陆军参谋本部坚持要干到底，他们在天皇面前发誓要夺回瓜岛。海军则准备放弃瓜岛，甚至以东条英机为首的政府也主张撤出瓜岛，因为已拨不出瓜岛作战所需的 70 万吨船只。12 月 23 日百武发来的一份电报强调了局势已不容再拖延："粮尽，再也无法派出侦察人员，无法抵抗敌人的进攻。第 17 军请求冲进敌阵，宁为玉碎，也不在自己挖的掩体中饿死。"事情不能再拖下去，陆海军决定于 1 月底用驱逐舰将百武所部撤离瓜岛。

在瓜岛争夺战的同时，三万名美澳联军从莫尔兹比港出发，向新几内亚岛北岸的布纳进攻，目的是今后以此作为反攻的出发地。这场战事归坐镇莫尔兹比港的麦克阿瑟指挥。盟军打得十分艰苦。日军知道，布纳如果失守，夺回瓜岛会更无希望，因而拼命抵抗，盟军每前进一步都要付出不小的代价。对此，参加布纳作战的一个美军将领写道："两个月来，该地的日军一直处于绝境。在整个战役中，盟军数量始终大大超过他们。由于盟军的轰炸和扫射，日军守备队所剩无几。他们没有空中支援，海军也未能通过我方的空中封锁提供支援，眼巴巴望着离岸几海里外许多日本人沉入海底。他们缺乏粮食，不得不节省弹药……天皇让他们坚守，而他们也确实守住了。"但到 12 月下旬，布纳守备队只能守卫机场及附近一带，守备队长开始做全体战死的准备。

决定撤离瓜岛后，杉山参谋总长和永野军令部总长代表陆海军去见天皇，向天皇提议从瓜岛和布纳撤兵。天皇面对永野，不解地问："为什么美国人在几天内能建成一个机场，而日本人需要一个多月？"永野承认，情况是这样，因为美国人用机器，日本人是靠人力。天皇皱皱眉头，对失败的原因问了两个小时，然后同意撤出。

1943 年 1 月 13 日，10 艘满载给养和 1000 名士兵的驱逐舰开向瓜岛，准备向百武传达撤退命令。在通往第 17 军司令部的路上，满目皆是尸体。百武坐在帐篷里闭目沉思，想了很久决定接受撤退命令。部队一点一点撤，让少数人虚设烟火，保持接触。2 月 1 日，19 艘驱逐舰开来，让隐蔽在海边的日军乘登陆艇上驱逐舰。美军仍以为日军在增援，只是在准备迎击日军新的进攻。半个多小时后，5000 多人上舰。残兵败将形容憔悴，目光呆板，毫无表情地互相看着，上舰后吃到饭菜后依然腹泻不止。2 月 4 日驱逐舰队撤走 4900 多人。几天后又撤走 2600 多人，包括百武和他的司令部人员。岛上留下 25000 多名死者和没有力气爬到海边的人。撤出瓜岛这么顺利，据说是因为日军海军通讯谍报队冒充美军侦察机用明码向瓜岛美军发报，称发现日军航空母舰，致使美军上当不敢出击。

守卫布纳的日军没有撤出。至 1943 年元旦，守备队已到山穷水尽之时，全部日军苦战一天才击退了美军进攻。到傍晚，有战斗力的人员只有 10 人左右。第二天早晨，守军指挥官陆军的山本大佐和海军的安田大佐在作绝望的最后一次冲锋时被打死。布纳守军全军覆没。盟军在布纳战役阵亡 3000 人，差不多是引人注目的瓜岛战役的两倍。

半年多的瓜岛争夺战终于结束，这次是日本陆海军协同作战的第一次惨败。日军损失陆军两万多人，海军 3800 人。海军舰船的损失比美国略少，也损失了 2 艘战列舰、3 艘巡洋舰、12 艘驱逐舰、66 艘运输舰，还有 800 多架难以补充的飞机。当时就有人已看到这一战役对日本的影响，"随着争夺瓜岛之战的结束，日本陆海军的命运可说是在劫难逃了"。盟军开始了战略大反攻。

山本五十六

七

空中伏击战

就在所罗门群岛和新几内亚日军告急之际，盟军在太平洋战场积极准备大反攻。1943 年初，美国总统罗斯福乘飞机横渡大西洋，于 1 月 14 日下午抵达摩洛哥的海滨城市卡萨布兰卡，参加美英首脑和参谋长联合委员会成员会议，研究盟军下一步的作战行动。

在会上，美国军方认为，盟军必须在太平洋战场保持主动进攻，并坚持将兵力、飞机和军舰的投入数由原来的占全部军力的 15% 提高到 30% 。如不能实现这一要求，美国就不在欧洲战场承担义务。经激烈争论，会议就亚洲和太平洋战略问题达成协议：盟军在远东和太平洋地区的军事行动将继续进行，以保持对日本的压力。决定在日本控制地区的四周发动一系列平行攻击，即在西南太平洋从瓜岛、新几内亚进攻，以收复拉包尔和帝汶岛，在中太平洋向特鲁克岛和关岛进攻，在北太平洋收复阿留申群岛，在东南亚收复缅甸。

在新几内亚，布纳被盟军攻下后，日军被迫退缩到莱城、萨拉莫阿一带狭窄的沿海地区。这时麦克阿瑟雄心勃勃，计划从瓜岛和新几内亚两路出击，包围日军在西南太平洋的主要基地拉包尔。现在他在新几内亚的主要任务就是攻下日军据守的莱城。莱城是新几内亚的首府。这座具有战略意义的城镇，位于布纳以西，是保卫拉包尔的重要据点。

面临重兵压境的危局，东京大本营不甘心失败，还想巩固日军在所罗门群岛和新几内亚的战略地位，阻止盟军反攻。在前线，日本第8方面军司令今村均大将和拉包尔基地指挥官久坂将军决心不惜一切代价，实施一次大规模的由拉包尔向新几内亚增兵的军事行动，以固守莱城等军事据点。

几经策划，一个被称为"81号作战"的增援计划出笼。其具体内容是：出动一支由8艘运输船、8艘驱逐舰组成的护航运输队，于2月28日深夜从拉包尔出发，载运第18军军部及其直属部队、第51师团主力计6900多名官兵及海军陆战队400余人，运输弹药、燃料、给养及其他军需物资约2500吨，经由新不列颠岛北方近岸路线，运抵莱城。预定于3月3日下午抵达，4日天亮前卸载上岸完毕。

这是一个非常危险的运兵计划，因为在布纳、莫尔兹比等地的盟军机场飞机有200余架，另外所罗门南部等地的美军机场飞机也有230多架。盟军拥有空中优势，掌握这一地区的制空权，因而这一运兵行动杀机暗伏，吉凶难卜。日本天皇在听取这一计划的汇报时曾提醒杉山元帅："务必对作战计划考虑仔细，不能让莱城、萨拉莫阿再成为另一个瓜岛。"

针对盟军的空中威胁，为保证运兵行动成功，日军决定抽调陆军航空兵的50架战斗机和海军航空兵的69架战斗机负责莱城运输队的空中掩护。由于日本航空兵力捉襟见肘，因而对莱城运兵的空中掩护，重点放在船队上空。

2月28日晚，夜海茫茫，风雨交加。8艘运输船在拉包尔港外编成两队：第一分队由"神爱丸"、"帝洋丸"、"爱洋丸"、"建武丸"组成；第二分队由"旭盛丸"、"大井川丸"、"太明丸"、"野岛"号组成。两支运输分队在"荒潮"号、"朝云"号、"时津风"号、"白雪"号、"浦波"号、"雪风"号、"朝潮"号和"敷波"号8艘驱逐舰的警戒下，迎着浪涛，以9节的航速在新不列颠岛北部海域中艰难地向西航行。按这样的速度要航行三天三夜才能到达莱城。

日军船队一出航，恐怖的阴影就一直笼罩着它。美军已通过破译密码掌握了日军的运兵计划，麦克阿瑟命令他手下的航空兵指挥官肯尼以优势兵力去对付这支船队。一连几天肯尼全力以赴，在新几内亚调集了一个令人生畏的巨大机群，有207架轰炸机和154架战斗机，另外还有86架轰炸机和95架战斗机在澳大利亚东北部的各基地集结待命。侦察机加紧在海面搜索。机组人员拼命地工作，每架飞机都处于良好状态。

3月1日，这一天气候恶劣，狂风卷起巨浪劈头盖脸打来。船队在波涛中颠簸不已，但这正合日本人心意，因为这种天气减少了盟军飞机进行空中侦察和攻击的机会，给船队增加了几分安全感。果然整个上午连一架盟军飞机都没见到，而日机却不顾天气恶劣，艰难地在船队上空飞来飞去，巡逻保驾。

下午两点，日驱逐舰"白雪"号在右前方发现一艘美潜艇，但一眨眼就不见了。不久当船队行驶到俾斯麦海霍尔曼角东北海域时，空中出现一架美军重型轰炸机，只是单枪匹马，很快便被在空中巡逻的日机赶走了。19时盟军侦察机发现了日本船队，连续在船队前进方向上空投掷照明弹，但没有攻击便飞走了。然而人人都有一种预感，第二天将有一场生死搏斗。

3月2日清晨，出现了有利于空袭的好天气。7时55分，10架B—17重型轰炸机在船队左侧的云层中出现，在空中负责掩护的日战斗机立即冲上去，轰炸机群顿时阵脚大乱。这时另一支由6架美机组成的编队，乘虚分成两路，一路以3000米高度向日船队接近，另一路降低飞行高度，突破日舰密集的防空炮火，在2000米高度实施水平轰炸。

日船队第二分队的领航船"旭盛丸"首先遭殃，呼啸而下的重磅炸弹连连命中船舱，船上顿时被烈火浓烟笼罩。搭乘该船的第51师团师团长中野中将和1600多名官兵纷纷落水，处在危险之中。包括中野在内的800多名官兵后来被驱逐舰救起，其余800多人被巨浪吞没，葬身鱼腹。

同时第一运输分队的"帝洋丸"、"爱洋丸"、"建武丸"也都受了伤，给继续前进的船队增加了很大的困难。黄昏之际，船队又遭到飞机空袭。8架B—17轰炸机快速飞近，一颗颗重磅炸弹倾泻而下，第二运输分队的海军特务舰"野岛"号被直接命中一颗，并中近弹多颗，引起了大火，浓烟滚滚，伤势严重，难以航行。

夜幕降临，遭到打击的日船队继续破浪南下。盟军侦察机不时投下照明弹，保持与船队的接触，但不进行空中攻击。这时先行的日驱逐舰"朝云"号和第51师团司令部所乘的"雪风"号高速开往莱城，于3日零时抵达。两舰把舰上的800多名陆军官兵送上岸后又重新返回，为后面的船队护航。

　　3 日天亮后，东方出现鱼肚白，云散日出。7 时 55 分，黑压压的近 130 架盟军飞机分两批向日船队扑来。当时在日船队上空，海军航空兵的战斗机在担任掩护，正值交接班时间，船队上空有 26 架战斗机，后来又有 15 架战斗机赶来。这本来是一支颇为可观的空中掩护力量，但日机判断错误，以为盟军飞机将实行高空轰炸，所以全部云集到高空待机。不料盟军飞机竟然从低空进入，并采取了超低空水平跳弹轰炸的新方法，即飞机由超低空进入，将炸弹投于海面，利用水面的反弹力，命中舰船的舷侧。炸弹都装有迟发引信，以便让飞机飞离。跳弹剧烈的爆炸造成船舷破裂，随即海水灌入，舰船沉没。对这种新式攻击法，那些已成惊弓之鸟的日舰长船长误认为是鱼雷攻击，立即作回避动作，当然毫无效果。空中攻击仅 20 分钟，6 艘运输船中弹即将沉没。

　　与此同时，日驱逐舰毁伤也相当严重。"白雪"号遭到鱼雷攻击立即沉没。载有第 18 军司令安达中将及其幕僚的"时津风"号，中弹后步履艰难。"荒潮"号中弹后也不能航行了。这时天上的盟军飞机胡乱地扫射浮在水面的日军士兵，不让他们上岸增强莱城守军的力量。8 时 30 分盟军飞机全部撤出战斗。

　　空中威胁解除后，幸存的日驱逐舰立即前来救援，打捞落水人员。这时海上被炸弹击中的运输船正燃起冲天大火，东倒西歪地缓缓下沉，几艘驱逐舰像死鱼似的漂在水面寸步难行。海面上到处是挣扎晃动的人头，有些地方海水被染红，补给物资随波逐流地漂动。

　　一连几天，救援工作都在紧张地进行，日机向海上漂浮人员投放救生用具，潜艇也出动救援。狼狈不堪的安达回到了拉包尔，带着"81 号计划"彻底失败的噩耗前往第 8 方面军司令部向今村汇报。

在这次行动中，日本共损失 7 艘运输船、3 艘驱逐舰，多艘舰船受伤。3600 多人葬身海底，2800 多人得救后分两批空手返回拉包尔，只有 800 多人抵达莱城。对盟军来说，这次战斗极为成功，仅损失 5 架飞机。

麦克阿瑟获悉这一辉煌战果，兴高采烈，宣称这是"南太平洋决定性的空中作战"。他乘战胜之机向华盛顿提出要求，希望再向他提供 5 个师、1800 架飞机和包括航空母舰在内的海军舰队。他将率队沿着新几内亚进军菲律宾群岛，再通过台湾到达日本。他的要求没有得到满足。对进攻路线，尼米兹也有一个方案，跨越中太平洋直捣日本本土。华盛顿的决策者较为倾向尼米兹的方案，但作为一种妥协规定将从两个方向向日本反攻。

经过这次惨败，日本人只能勉强用潜水艇给在新几内亚的部队运送补给品了。

本来日本陆海军对在南太平洋的作战重点有不同的看法，陆军主张重兵把守新几内亚，海军主张固守所罗门群岛。这一战迫使东京的大本营开始把主要注意力从所罗门群岛转向新几内亚，决心集中陆海军力量在这个方向积极作战。

山本五十六奉命用日本航空兵的精华航空母舰舰载机协助海军岸基飞机作战，他精心制订了"伊号作战"计划。山本拼凑了 300多架飞机，企图用猛烈的空中攻势，对瓜岛和新几内亚的盟军基地进行报复性轰炸，意在挫败盟军的春季攻势，争取时间以加强防线。4 月 3 日，山本离开特鲁克港亲往拉包尔指导前线作战。

4 月 7 日，日机空袭瓜岛和图拉吉港。这一天，山本穿着洁白的、一尘不染的海军服，挥动军帽目送每一架战斗机和轰炸机从拉包尔的简易机场飞向东南，开始了日军自珍珠港事件以来规模最大的空袭行动。4月11日、12日和14日，日机又连续空袭了新几内亚的莫尔兹比港等地。

这种持续不断的空袭使盟军遭受了一定的损失，炸沉炸伤一些舰船，但盟军飞机的损失不大，而日机的损失却相当严重。盟军飞行员的做法是交战后就避开，飞到后方机场去。而日本飞机因汽油不够，不可能追到这些后方机场。等空袭过后，盟军飞机又飞回原基地，再度作战。

4月中旬，山本决定在返回特鲁克前亲自去所罗门群岛北部的日军基地视察防务并鼓舞士气。4月13日黄昏，日本在北所罗门的各航空队、各守备队指挥官都收到一份异乎寻常的作战特别紧急电报。其电文如下：

"GF长官（即山本五十六）将于4月18日前往视察巴拉尔岛、肖特兰岛和布因基地。具体日程安排，6时乘轰炸机由6架战斗机护航从拉包尔出发，8时到达巴拉尔，然后转乘猎潜艇，于8时40分抵达肖特兰。下午2时乘轰炸机离开布因，3时40分返回拉包尔。若遇天气不好，视察日程往后顺延一天。"这一电报所用的时间是日本的时间，与美国的时间相差两小时。

布干维尔岛在拉包尔东南约300公里处，布因基地在布干维尔岛的南端。飞机从布因起飞向东南飞行几分钟便到达肖特兰岛，该岛不远处有一个只有机场大小的小岛即巴拉尔岛。

这是一份少见的电报。在交战前线把这位太平洋战场上赫赫有名的海军大将视察的详细路线和准确时间在电文中这样交代，真让人难以理解。

"这里是前线，用这样详细的电文暴露长官的行动，实在有点荒唐!"驻肖特兰岛的第 11 航空队司令诚岛高次少将在接到电报后大惊失色地对参谋说。这份有关山本行动的日程表，用的是复杂的五位数字乱数式密码，而且乱数表是 4 月 1 日才变更的。当时日本的海军通讯专家确信"破译这种电报，在理论上是不可能的"。但事实恰恰相反，正是这份电报要了山本的命。在夏威夷和阿留申群岛的两个美国海军监听哨都接收到了这份电文。夏威夷瓦胡岛的美国海军情报专家在中途岛海战中曾大显过身手，这次他们在破译大量日本密电的基础上，利用手头掌握的蛛丝马迹，在地下室苦干一个通宵，终于成功地破译了这份难度极高的绝密电报。

在珍珠港，美国太平洋舰队的情报官莱顿中校看到这份译出的急电后，立即去见舰队司令尼米兹上将。莱顿递上电报，说是有关"我们的老朋友山本"的。尼米兹看完电报问："你说怎么办，我们打算搞掉他吗?"

莱顿回答："如果我们派的飞机能够截击他的话。"

尼米兹问："杀了他有什么好处?"

莱顿说："他这个人是从战略角度考虑问题的。除天皇外，在日本可能没有谁像他这样能如此重要地影响平民的士气。"

尼米兹对截击山本还有些犹豫。他一是觉得这样干似乎有些不光彩，二是担心此举会使日本觉察美国能破译他们的密码，三是顾虑"击毙山本后，会不会有更强的人取代他?"

莱顿告诉他，山本已经丧失了法律的保护，他不是曾违反战争规定偷袭珍珠港吗? 再说他是在战斗区域视察，在这种地方一个大将和一名普通士兵同为合法的射击目标。另外，只要作些伪装，可以让日本人认为这是一个偶然事件。山本死后也不会有更强的人取代他，莱顿打比方"就像他们把你打下来一样，没有人能取代你"。

尼米兹被说服了，但此事还应请示华盛顿。在华盛顿，为研究如何对付山本，政府和军方首脑连夜开会，对这份详细的巡视日程有人提出疑问："有点像是伪造电文，是不是企图以此为诱饵把美机一网打尽。"尽管有不同意见，但大家想起珍珠港被袭击的惨状，就认为对山本不能轻易放过。美陆军航空兵司令阿诺德上将提出，一旦山本进入美国飞机的作战半径，就应该将他击落。只有海军部长诺克斯怀疑这样做是否合法，主张要听听海军军法官的意见，另外再问问神职人员，看看是否符合基督教的教义。海军情报局的扎卡赖亚斯上校列举了一大堆国际谋杀的实例，说明早有先例。诺克斯也就让了步。

珍珠港和华盛顿之间进行了几天的紧急磋商，密电穿梭来往，最后每一个人都同意尼米兹在他的战区实施空中伏击。罗斯福总统批准了这一行动。山本的命运就这样决定了，这一行动的代号是"报复行动"，列为绝密，被当作总统急务办理。

尼米兹接到命令后，立即向在新喀里多尼亚的哈尔西下达作战命令，并祝他交好运，"满载而归"。紧接着美军在所罗门地区的航空队指挥官米切尔少将收到哈尔西的指令："山本五十六将于4月18日清晨由拉包尔起飞，去布干维尔岛南端的卡希利（日本人称布因），先在巴拉尔岛机场降落，然后换乘猎潜艇，预定到达巴拉尔岛的时间是上午10时。要想尽一切办法击毙山本及其参谋人员。山本素以遵守时间闻名。总统重视这次战斗。结果速报华盛顿。"

4月17日下午，在瓜岛，被选中负责执行截击任务的飞行员米歇尔少校和兰菲尔中尉被秘密召到米切尔的司令部。他的司令部设在海边的椰林中，房屋一半埋在沙中，地板上积满了水。米切尔介绍了情况后开门见山地命令说："不管怎样，必须抓住这只鸟，给我订个计划！"

米切尔的作战参谋问道："是攻击他乘坐的猎潜艇还是拦截他的座机！"

兰菲尔中尉提出："我连猎潜艇和独木舟都分不清，能不能找到没有把握。在海上即使把舰艇击沉，人也未必会死。要干的话，不如让我在空中干。"

在空中干，成功的关键在于准确地选择时机。他们取出地图，选择了巴拉尔岛正前方卡希利海湾上空为截击点。计划挑选18架P—38闪电式战斗机，从瓜岛起飞前往截击。米歇尔少校率领12架组成掩护机组，在高空诱开为山本护航的战斗机，其余6架由兰菲尔中尉指挥，任务是击毁山本座机。电报上说山本座机将在上午10时到达巴拉尔，但预计明天无风，估计他在9时45分即能着陆，所以准备提前10分钟在9时35分拦截。山本座机的高度一般应在3000米左右，掩护机队届时将爬高至6000米高空引开零式战斗机，而狙击机队则从低空出其不意地对山本座机进行袭击。

为完成这一往返1600多公里的远程突袭，瓜岛机场上的电焊工和装配工冒着倾盆大雨连夜为P—38战斗机添装特种远程机用的副油箱，为第二天的出击做好一切准备。

18日早晨，瓜岛的亨德森机场上，气氛紧张。18架P—38闪电式战斗机威风凛凛地翘着尾翼，即将振翅起飞。米切尔少将紧闭着嘴，神态严峻，目不转睛地注视着飞机。"无论付出多大代价，也必须完成任务！"他斩钉截铁地下达命令。

7时30分，起飞的16架美机（1架未能起飞，1架因故障升空后返回）编好队形，向布干维尔岛上空飞去。飞行中要尽可能的低，耗油量尽可能少，为避开雷达搜索，几乎是贴着海面飞行，一律不许使用无线电，只使用罗盘和速度表。

18日上午，在拉包尔，山本身穿草绿色军装，胸前挂着大将的徽章，戴着白手套，挎着军刀，神气十足地走出住地，踏上了死亡之路。

对于山本的巡视计划，许多人都极力反对。他在出发前曾与今村均共进午餐，今村劝告他最好别去，因为很可能会在途中遇到美国飞机拦截，今村还以自己曾在布干维尔上空遇到这种危险差点出事为例。山本只是答应将注意依靠战斗机的护航。第三舰队司令小泽治三郎看到劝说无效时，便退而建议："假如长官一定要去，随行6架战斗机保护不够，我要向参谋长讲多派几架战斗机护航。"正巧参谋长宇垣缠中将正患疟疾，发着高烧睡着了。小泽的建议未能转告给他。诚岛高次少将曾赶去拉包尔，苦劝山本："长官，危险呀，那里不是后方基地，是前线，我了解那里的情况，不要去吧！"山本只是笑笑说："已经通知了各基地，一切都准备好了，即使有危险我也得去。我明晨出发，黄昏前回来，等我一起用晚餐。"

上午8时，山本和宇垣等8名高级军官分乘两架一式轰炸机，从拉包尔机场起飞。6架零式战斗机随之起飞，分两队护航。

9时33分，美P—38战斗机群穿过布干维尔岛，在预定时间到达预定地点。突然美机发现左前方出现两架大型双引擎轰炸机。飞行员坎宁上尉首先看见日机，他压低嗓门打破无线电沉默："前面出现来路不明的飞机。"山本一行果然来了。美机千里飞行，时间算得很准，恰与山本座机在预定地点相遇。山本一向办事准时在日本海军中传为美谈，这次他也很准时。

此时，兰菲尔中尉紧紧盯着山本一行，迅速扔掉副油箱冲了上去，后面跟着巴伯、霍姆斯、海因驾驶的几架飞机。而米歇尔少校则加大油门，急速跃升，率机担负掩护任务。他在无线电中向兰菲尔大喊："看你们的啦，别让到嘴的肥肉跑掉！"

美战斗机与日机拉平高度时被发现，日零式战斗机按下机头俯冲下来。山本座机见势不妙，猛地陡直下冲，左转向低空夺路而逃。就在日机冲过来的一刹那，兰菲尔立即向一架零式战斗机扫射。米歇尔在高空向兰菲尔呼叫："甩掉战斗机，瞄准轰炸机，打轰炸机！"山本的座机虽然航程远，机身大，但没有装甲钢板，很容易燃烧，有"飞行雪茄"之称。兰菲尔遵命甩开零式机，对准山本座机连续扫射，机枪子弹射进机舱，飞机右翼起火，山本当场毙命。

几乎同时，受伤的山本座机又被兰菲尔的僚机巴伯咬上了。巴伯向山本座机猛烈开火，机尾被打坏，方向舵被打掉一大块。从发起攻击到山本座机中弹，前后不过一分钟。

这时遭到伏击的第二架日轰炸机正忙于规避躲闪，机上的宇垣在自身难保的情况下焦急地寻找山本座机。后来他在记述这件事时写道："在距离大约4000米处，长官座机紧擦着原始密林喷吐着浓烟和火焰，慢慢向下面坠落。我的脑子里想：'完啦！'当我定睛再看时，座机已无影无踪，只见森林中升起了冲天的黑烟。"

宇垣的座机先被巴伯咬上，但3架零式战斗机在后面紧追巴伯不放。见此危局，霍姆斯和海因赶来解救，他们击落了 2 架零式飞机。然后霍姆斯和巴伯相继向宇垣座机开火。转眼间这架飞机中弹，"全速砸向海面，炸飞了左翼，飞机猛地向左翻去，坠入海中"。这场空中伏击战前后只用了 3 分钟。

米切尔得知结果向哈尔西报告，"老爹去看黄鼠狼"，这是原先约定的暗号，表示"报复行动"已经成功。感到满意的哈尔西立即回电："祝贺你们成功，在猎获的家鸭中似乎夹着孔雀。"在高兴之余哈尔西又有些遗憾地说："这种处置算得了什么？我真希望把这个流氓恶棍用铁链拴着牵到宾夕法尼亚大街上去，让你们朝他身上最要命的地方猛踢。"

在布因基地莫伊拉角守卫的日本哨兵看到了宇垣座机溅落大海。不久发现一个人挣扎着向岸边游来。这是飞行员林中士，他奇迹般地只受了一点轻伤。林到了岸边，求日本兵快去救水中的人。就这样，身负重伤的宇垣和会计长北村两人大难不死，获救后被安置在布因航空队治疗。

19 日上午，联合舰队参谋渡边乘飞机从拉包尔赶来，见到了浑身扎满绷带的宇垣。宇垣催他快去救援山本。渡边立即乘水上飞机飞抵现场侦察，但一无所获，于是便带人进入山林搜索。当时布干维尔岛上多支搜索队纷纷出动，在林深叶茂、荒无人烟、阴森可怕的热带森林中艰难地寻找。最后还是由滨砂盈荣少尉率领的一支搜索队发现了飞机残骸。

他们先发现摔毁的机翼，不远是破碎的机身。在离机首约 10 米处发现了山本的尸体。山本的身旁，倒卧着联合舰队的军医长高田六郎少将。

120

　　下午，山本等人的 11 具尸体被用小船送上舰艇运走。火化后，山本的骨灰由专人乘水上飞机从拉包尔送往停泊在特鲁克的联合舰队旗舰"武藏"号。

　　5 月 21 日，"武藏"号驶入东京湾，由送灵专列送到东京，全体内阁大臣、主要政府官员和宫廷官员等数千人到车站迎灵。大本营正式公布了山本已死的消息："联合舰队司令海军大将山本五十六于 4 月在指挥全面作战中遇敌，在作战飞机上殉职。由海军大将古贺峰一接任遗缺，已前往联合舰队任职。"同时官方发表公报，追授山本大勋位、功一级、正三位、元帅头衔，并举行国葬。海军还请求加赐山本男爵称号，未被批准。后在靖国神社举行了 13 天的祭礼，骨灰分为两份，一份交给他的妻子，另一份用于国葬，葬在日比谷公园。

　　空中伏击山本五十六是太平洋战争中富有戏剧性的事件。事件发生后，美方为了保密，还做了许多手脚。海军新闻检查部门把可能导致泄密的新闻报道全部扣压。P－38 机队连续几天漫无目的地向布干维尔岛周围出动。日本人果然受骗，认为山本座机被击毁完全是一次偶然的遭遇战。山本被击落后，日本驻拉包尔东南方面舰队司令部曾故意发出一份草鹿司令要到前方视察的密码电报，以观察美方动静，但美方没有上当，更使日军确信密码没有被破译。

　　山本死后不久，美军便在星罗棋布散布于太平洋中的岛屿上拉开了战略大反攻的序幕。

八

跳岛进攻

在太平洋战争前期任日本首相的东条英机临死前曾告诉麦克阿瑟，美国之所以能战胜日本有三个重要因素：美国潜艇的袭击活动，航空母舰长期离开基地的作战能力，跳岛进攻的战术。这一说法虽不全面，但也不无道理，可算是教训之谈。

跳岛进攻是后来在太平洋上向日本反攻中经常采用的一种有效战术，具体做法是跳过一些防守严密、重兵驻扎的岛屿，用舰艇和飞机将其封锁，使之不起作用，同时攻取日军防守相对薄弱的岛屿。这种战术使日军陷入防不胜防、被动挨打的局面，日军企图在太平洋上同盟军逐岛争夺、死打硬拼的方案破灭。太平洋战争中第一个跳岛进攻的实例是1943年5月美军对阿留申群岛的反攻，尼米兹鉴于日军在基斯卡岛防范较严，就决定跳过基斯卡岛攻打较远的阿图岛。

1942年6月在中途岛海战后被日军占领的阿留申群岛中的这两个岛，紧邻美国的阿拉斯加州，成为美国首先要收复的地区。从1943年3月开始，美军就加紧对这两个岛的轰炸、侦察，已露出即将在北太平洋大反攻的苗头。日军预感到大祸将临，赶紧向这里运送兵员和物资。3月下旬，东京大本营派出运输船，满载作战物资在第5舰队护航下开赴阿图岛增援。同一时间，美国海军的麦克木里斯少将率领重巡洋舰"盐湖城"号以及1艘轻巡洋舰、4艘驱逐舰等候在日本运输舰队必经的科曼多尔海域。

3月27日上午，两支舰队相遇。日舰队中有2艘重巡洋舰、2艘轻巡洋舰和6艘驱逐舰，由细萱中将指挥，实力超出美舰队近一倍。日舰气势汹汹地高速驶来，麦克木里斯见势不妙，命令舰队立即掉头逃跑，由"盐湖城"号断后，这样就出现了一幕日舰追、美舰跑的场面，同时双方不停开炮。在炮战中日重巡洋舰"那智"号和美舰"盐湖城"号都受了伤，但未伤及要害部位。激战到中午，美舰队渐渐不支，速度也减慢下来，眼看就难逃被全歼的命运。就在这时日舰停止追击，向西撤去，原来是空中出现了美机。顿时被追击者反过来又成了追击者，美舰开足马力穷追了一阵。双方炮战了3个小时，一直打到炮弹耗尽。当天下午，大批美轰炸机赶到，对日舰船一阵乱炸。前进受阻，细萱只得下令全部舰只返回日本。这次海战使得日军增援阿留申群岛日军守备队的计划未能实现，在国内待命的5000名日军始终未能到达阿留申前线。

海战结束后不久，美军进攻矛头直指阿图岛。当时集结在北太平洋的美军兵力有陆军3个师、海军10艘舰只、飞机300架，还有2艘航空母舰。而日军兵力要少得多，在阿图岛只驻有2500多人，在基斯卡岛有6000人。而且因常年天寒地冻，阿图岛上的工事也未全部建成。

5月12日黎明，攻击阿图岛的行动开始。先是军舰进行由雷达控制的炮击，然后再让陆军登陆。原先估计在滩头可能会遇到顽强的阻击，但在登陆时日军只作了微不足道的抵抗。飞机在岛上撒下成千上万张劝降文告，岛上日军守备队长山崎大佐对此根本不予理睬，带领部下撤到岛上东北角一个无路可退的海湾顽抗。半冻结的苔藓泥沼使美军装甲车深陷其中难以动弹，经久不散的浓雾妨碍了舰炮的准确射击。日军在附近的山坡上据壕固守，美军拥有压倒优势却不能结束战斗。联合舰队在古贺司令带领下曾试图前去解围，但航行到中途又放弃增援而返航。

5月29日，山崎向东京报告守军准备进行最后一次突击。在这天深夜，日本兵吼叫着从山坡上冲下来，上千人高喊"日本人喝血如饮酒"，向被惊呆的美国兵猛扑。成排的日本兵在机枪、步枪密集火力扫射下像割草一样倒下，山坡上留下一堆堆尸体。第二天，绝望中的山崎带领最后剩下的150名日本兵发动了一次自杀式的冲锋，不少垂死的日本兵是用手榴弹把自己炸死的，就这样最终完成了山崎所说的"玉碎"。在2000多守军中只有28人当了俘虏。

阿图岛失守的消息传来，日本政府丧事当喜事办，把守军以死相拼的事编成鼓舞人心的神话。但神话毕竟不是现实，东京大本营决定撤出基斯卡岛上的守军，再演瓜岛撤兵的一幕。7月29日，19艘舰艇趁大雾开往基斯卡岛，在50分钟内5000多名日本兵全部上船，神不知鬼不觉地回到了千岛群岛。

到1943年年中，在南太平洋上美军也展开了攻势。两军先是在日军最南部的前哨中所罗门为争夺蒙达交战。蒙达位于所罗门群岛新乔治亚岛西部。日军控制下的蒙达机场像一枚钉子阻挡住了美军的北进，这里自然首当其冲。6月20日哈尔西手下的特纳少将指挥海军陆战队开始向中所罗门地区的一些小岛发动进攻,逐渐逼近蒙达。而日本陆海军也决心固守新乔治亚岛,以此为支点抗击美军的进攻。不久,在这附近接二连三爆发了好几场海空战。7月6日由秋山少将指挥的10艘驱逐舰与美舰在这一带的库拉湾相遇,爆发了一场较大规模的海战。激战结果,秋山阵亡,2艘日驱逐舰被击沉,美方1艘驱逐舰沉没,但日舰成功地把物资送到了目的地。几天后为运兵船护航的日舰队又与美舰队遭遇。这次日军大获全胜,仅损失1艘轻巡洋舰就完成了任务,美军则3艘巡洋舰遭重创,1艘驱逐舰沉没。

在新乔治亚岛上,善用谋略的佐佐木少将指挥着得到增援的守军顽强阻击登陆的美军,以坚守蒙达。岛上丛林茂密,地面潮湿,路很难走。攻占下岛上一小部分地区的美军处境相当困难,士兵中痢疾流行,日军发动的夜袭常常轻而易举地把士气低落的美军赶回海滩,彻夜难眠使很多美军士兵得了严重的神经官能症,不时神经紧张地大叫。

7月25日,窝了一肚子火的美军少将格里斯沃尔德下令进攻。6艘驱逐舰对蒙达机场进行了密集炮击,飞机又扔下上百吨重磅炸弹。美军断言,"已经把敌人阵地炸得任何生物都无法生存了"。谁知道日军的伤亡并不大,在美军士兵发动进攻时,个子矮小的日本兵从地下工事中钻出来,准确地射击。美军进展十分缓慢,每天向前推进的距离只能以米来计算。久经战阵的格里斯沃尔德承认遇到了"硬骨头"。

正在两军相持不下时,大批美军援军从瓜岛等地赶来。佐佐木下令撤退,人数仅及美军十分之一的日军收缩到蒙达机场周围负隅顽抗。蒙达这枚钉子开始松动了，日军决心不遗余力地加固它。

8月6日，又一支日军支援舰队南下，向新乔治亚岛开来，但途中却在毫无防备的情况下遭到美舰攻击，4艘驱逐舰中有3艘沉没，美舰竟无一损伤。

海战打得顺手，陆上进攻却这样艰难。美军充分领教到日军的顽强。在新乔治亚岛上，4500多名日军依托阵地阻击几万美军达一月之久，实在出人意料。像这样逐岛碰硬钉子实在得不偿失。解决这一难题的办法仍然只有实行"跳岛进攻"。

8月24日美军费尽艰辛总算攻下了新乔治亚岛。在此之前佐佐木已带着大部分残兵撤到寇郎班加拉岛，决心把那里修筑成与新乔治亚岛一样坚固的要塞，进行新的长期抵抗。这一次哈尔西不再硬拼，他采用跳岛战术，封锁驻有重兵的寇郎班加拉岛，让岛上的日军自生自灭，美军则跳跃过去进攻面积很大但防守薄弱的佛拉拉佛拉岛。佐佐木的希望落空，遂放弃快修好的工事，又带着上万名日军、分乘100多艘驳船撤走，退往布干维尔岛。日军在中所罗门的防线崩溃，跳岛进攻战术再次奏效。

哈尔西在中所罗门获胜时，盟军在新几内亚也高奏凯歌。9月12日麦克阿瑟统率的盟军（以澳大利亚部队为主）攻占萨拉莫阿，16日攻下日军的重要据点莱城。好出风头的麦克阿瑟还亲自乘飞机去莱城上空观看美军伞兵的空降作战。10月2日莱城东面的芬什哈芬被攻下。至此，新几内亚的大部分地区已从日军手中被夺了回来。

中所罗门的战事结束，接着而来的是要出兵布干维尔岛。布干维尔是所罗门群岛中最大的岛屿，面积有3500平方公里，岛上有多处机场，沿海有许多港湾，是日军外围防线的重要一环。山本五十六就是在这个岛上空送命的。

按照跳岛进攻的战术，美军考虑对日军在西南太平洋最重要的据点拉包尔围而不攻，跳过去使之失去作用。而攻下布干维尔是封锁拉包尔的必要条件。哈尔西受命攻下布干维尔岛。而日军为阻止美军反攻也决不愿坐视失去此岛，新任联合舰队司令古贺决定出动飞机攻击美军供应线以粉碎其进攻企图。美军早已料到这一着就先行一步。10月12日，肯尼调动了300多架飞机空袭拉包尔，以减轻日机可能来袭击的压力。接着美机又轰炸布干维尔及其周围岛屿的日军机场，把这些机场炸得面目全非。

在布干维尔岛上日军驻有6万人，由瓜岛之战的败将百武指挥，其中的一个主力师团曾参加过在中国南京的大屠杀。岛上兵力集中在南部，而北部蜂腰形的奥古斯塔皇后湾仅驻有2000人。美军进攻的矛头就指向了这里。

11月1日清晨，奥古斯塔皇后湾十分宁静。海滩后面的山峰层峦叠嶂，山上一片片墨绿色的丛林。附近的火山口不断喷吐出烟雾，天空中蒸腾着阵阵雾气。蜂拥而上的美军在这里登陆十分顺利，很快地威胁登陆部队的少数几个地堡就被制服。当天有一万多人和几千吨物资上岸。

驻拉包尔的日军第8舰队司令鲛岛中将得知美军登陆消息，立即派大森少将前去救援。到深夜时分大森的舰队与美舰交火，日舰损失惨重，有些甚至是自相撞沉的，残剩的舰只铩羽而归。回去后，试图效法三川救援瓜岛立奇功的大森被撤了职。

不甘心失败的古贺在11月4日组织了一支由19艘舰只组成的强大舰队，归栗田中将指挥，从特鲁克港出发急驰拉包尔。哈尔西

美国兵尸横塔瓦拉环礁海滩

获悉这一情报后冒险让航空母舰在基本没有护航的条件下出击，用舰载飞机空袭拉包尔。从航空母舰"萨拉托加"号和"普林斯顿"号上起飞的97架美机突破日战斗机防线，穿过高射炮火力网，对刚到的栗田舰队实施轰炸。日重巡洋舰"摩耶"号的烟囱中了一弹，轮机舱发生爆炸。其他舰只也有不同程度的损伤。短时间内一支本来威风凛凛的舰队支离破碎，溃不成军。

被派出搜寻美航空母舰的日鱼雷机炸伤了两艘美登陆艇和一艘鱼雷快艇，飞行员夸大战果，竟报告炸沉了两艘航空母舰。东京大本营立即嘉奖参战部队，发布战报吹嘘这一"特大战果"。在后来的几天内，双方的飞机各在对方舰队上空轰炸，互有些损伤，但日军企图解布干维尔岛守军之围的目的却始终未能实现。到12月中旬，岛上美军已达4万多人。战事一直拖延到1944年。百武曾组织残存的1万多日军发动了一次反攻，在损失一半人马后退入山中，一边打游击，一边开荒种地，直至战争结束。拉包尔所在的新不列颠岛在1943年年底有盟军的两个师登陆，他们控制了岛上的西部地区，而让几万名日军据守拉包尔，并不去攻击他们。

当西南太平洋地区战事正酣之际，尼米兹也在指挥斯普鲁恩斯向中太平洋方向进攻。两军在一个个珊瑚岛礁上展开了空前激烈的岛屿争夺战。

向中太平洋方向进攻最早是尼米兹提出的，得到美军事首脑支持，被看作太平洋反攻的主要方向，在人力物力上都给予优先考虑。新造的航空母舰和战列舰刚一下水就被派到夏威夷，编入斯普鲁恩斯的第5舰队，使这支舰队的实力异常雄厚。这时美国在一个月内建造的舰只几乎相当于日本在一年内建造的数量。麦克阿瑟对主攻方向的改变愤愤不平，一再向华盛顿发出电报，说明西南太平洋才是主要战场，而在中太平洋的行动只是一种牵制性进攻。这让美陆军总参谋长马歇尔大伤脑筋，费了些心思劝说才使麦克阿瑟安静下来。1943年7月20日美参谋长联席会议发出指令，要求尼米兹在中太平洋首先攻占吉尔伯特群岛，然后攻占马绍尔群岛，开辟第二条通向日本的道路。

面对美军从两个方向而来的攻势，东京大本营不得不采取退却固守的态势，提出要建立"绝对国防圈"，即北起千岛群岛、小笠原群岛、内南洋（马里亚纳群岛、特鲁克等一圈岛屿），南至新几内亚西部、巽他、缅甸一线，认为这是退守的"最低限度"。而在所罗门群岛、吉尔伯特群岛以及马绍尔群岛一带的日军就被划在了圈外。

当时在吉尔伯特群岛的塔拉瓦环礁中，日军在贝希欧岛上重点防御。守军有近5000人，战斗力很强。守军司令海军的柴崎少将在岛上精心设防。海滩上布满混凝土三角锥、珊瑚块、倒刺铁丝网和木栅等障碍物，在障碍物后面的机枪阵地用椰木、珊瑚沙、混凝土、钢板覆盖，阵地之间有壕沟相通，地下还有迷宫一般的工事。永久性的半地下式堡垒散布在全岛，火力凶猛，且很牢固。从新加坡运来的25门英制大炮控制着海上的航道。柴崎打算在将美军诱入炮火射程后再予以全歼。他夸下海口："美国人即使用100万人花100年时间也攻不下塔拉瓦。"他还要求部下战斗至最后一兵一卒。而准备参战的美国海军陆战队却低估了这支日军的战斗力，想当然地以为，在美军优势火力的打击下，他们登上海滩时岛上不会有一个活着的日本人。

11月20日天还没亮，在吉尔伯特群岛海面，黑乎乎的运输舰快速驶向贝希欧海岸。在太阳升起时，舰上的海军陆战队员做好了登陆的一切准备。在一阵隆隆声中几十艘美舰一起开炮，小岛似乎在剧烈的炮击中跳动。然后是大群飞机载着重磅炸弹在浓烟烈火中上下翻飞，随意地俯冲轰炸。岛上的椰树燃起了大火，像一根根火把。这个可怜的岛平均每平方米挨一吨多炸弹。登陆的陆战队员目睹此景以为岛上不会再有活的东西，他们只要走上岸就行了。就在这时，从岛上打来几发炮弹，他们都大惑不解，日本人怎么没有全部死光？他们不知道松软的珊瑚沙减轻了炸弹和炮弹的破坏力，岛上日军的损失并不大。不一会儿，陆战队员手持自动步枪，背着手榴弹，涉过齐胸深的水艰难地向前冲锋，在他们的前面日军的大炮和机枪齐鸣，组成了完备的火力网，前进立即受阻，机枪扫过留下一片片血水，水陆两栖装甲车在海滩上成为靶子。有一块海滩上的登陆部队居然全部战死。整整一天美军被压制在海滩上。炽热的车辆残骸在海边不断增加，尸体经烈日曝晒散发出阵阵恶臭。到黄昏时，舰炮和飞机像补课一样再次攻击，日军火力开始减弱。有了些经验的美国兵则贴紧沙滩慢慢爬过去向地堡投炸药包，然后用火焰喷射器向里扫射。到晚上，美军有5000多人上岸，死伤已达1500人。

第二天一早，岸上战斗又趋高潮。下午，美军控制了岛上大部分地区。柴崎用以指挥的双层堡垒被推土机推上沙子封住门，然后灌进汽油，用手榴弹引燃，他与300名日本兵被活活烧死在里面。22日上午美军又发动攻势，日军顽抗如故。美军就以坦克在前面开路，在舰炮和炮兵火力的支援下先用步兵扔出手榴弹和炸药包，再用火焰喷射器烧焦工事中没死的日本兵。

到夜深时分，弹尽粮绝的日军发动了一次自杀式反攻，用刺刀、手榴弹与美军在机场周围肉搏。23日凌晨，残余的300名日本兵又发动了最后一次反扑。天亮后美军在优势火力的配合下跟在坦克后面，全歼了岛上所有负隅顽抗的日军。不少日本兵呆若木鸡，连自杀的力气都没有，毫无表情地看着美军走近，用火焰喷射器把自己烧成焦炭。

在这场激战中日军几乎战至"最后一兵一卒"，只有1名军官、16名士兵和129名朝鲜劳工被俘，4600多人被击毙。被俘的日本人大多是因受伤昏迷或不能动弹的人。

在登陆贝希欧岛的同时，美军还向吉尔伯特群岛中的马金环礁进攻。登陆地点选在马金环礁的布塔里塔里岛北岸。这里只有800名日军驻守。11月20日，6000名陆战队员在炮击后登陆。日本兵隐蔽在地下和树丛里的工事中阻击美军。面对占有压倒优势的美军，日本兵在深夜还用种种诡计反击。他们放爆竹吸引美军火力，将当地土著居民赶向美军阵地，自己夹在里面假装孩子哭叫，趁美国兵不备时再跳出来开枪，直至岛上的日本兵被全部消灭。接着，附近的一些零星小岛都被陆续攻下。

吉尔伯特战役以美军胜利结束。在这次战役中，美军有一艘航空母舰被潜艇击沉，另一艘航母遭飞机重创。在塔拉瓦伤亡3000多人，这样大的伤亡是美国海军陆战队建立以来未曾有过的。尼米兹在去塔拉瓦看了以后也感慨战事的激烈，惊呼"一生没见过如此狰狞的战场"。他下令在夏威夷的一个荒岛上模仿建造日军的地堡，进行炮火摧毁试验。尽管损失较大，但积累了经验，为下一步攻占马绍尔群岛创造了条件。

美军吸取塔拉瓦之战的教训，调集了12艘航空母舰和五万多人的登陆部队用于进攻马绍尔群岛。

马绍尔群岛以世界上最大的环状珊瑚岛夸贾林为中心。尼米兹知道夸贾林岛上的守军大多是后方补充人员，精锐的日军部队都布置在外围，于是决定跳过外围防守较严的岛礁，直取夸贾林。在美军登陆之前，夸贾林岛遭到太平洋战争爆发以来最集中的炮击。1944年元旦这天，岛上落下三万多发炮弹，还有成群的轰炸机向已成火海的岛礁投炸弹，使岛上的日军时时感到像被抛在空中又跌落下来一样。就这样炸而不攻近一个月，岛上的150多架飞机无一幸存。从1月30日起，美舰群又走马灯似地轮流进行摧毁性炮击，所用弹药量是炮击塔拉瓦的4倍。岛上日本兵经连日炮击被震得头昏脑涨，狼狈不堪。

2月2日，1万多名美军在岛上登陆。滩头上满是地下堡垒、防坦克陷阱、堑壕、坑道，残存的日军依托工事顽抗。晚上，天一黑，一群群日军从掩体中钻出来狂呼乱叫着冲过来，一直闹到天亮。日军中传说美国人有秘密武器，能在黑暗中侦察出金属，于是军官命令士兵脱掉钢盔，卸下刺刀，但他们仍照样被击毙。登陆后的第二天，美军用手榴弹和炸药包把藏身在废墟中顽抗的日本兵一个个干掉。美军攻占夸贾林岛的损失远远小于攻占塔拉瓦，没有损失一艘军舰，阵亡数只有几百人。这是发挥了火力优势的结果。

在进攻马绍尔群岛的同时，美国海军还对日本海军基地特鲁克实施了大规模的轰炸。

特鲁克位于加罗林群岛，是一个由珊瑚礁环绕四周的小岛，中间有个大泻湖，本身是一个天然的海军良港。早在战争前日本就把这个地势险要的小岛建成了海军基地。泻湖中建有潜艇基地，湖面

美军岛屿登陆的后勤供应

上常常云集着上百艘舰只。岛上建有大型机场，停有几百架飞机。山头上布满高炮阵地，组成很强的防空力量。1942 年 7 月，山本五十六在中途岛海战后将联合舰队司令部迁到这里，特鲁克就有了"日本珍珠港"的称号。

在马绍尔战役打响时，日本联合舰队司令古贺仿佛预感到将会有空袭，于是匆忙下令联合舰队撤离特鲁克，迁往帛琉群岛。主力舰队撤走后港内还有一些舰只以及近 300 架飞机。然而驻在这里的第 4 舰队司令小林仁中将却无心备战，成日忙于钓鱼。港内日军疏于防备，在美机来空袭时，不少飞行员竟然正在度假。

2 月 16 日，在斯普鲁恩斯指挥下，100 多架美舰载机直扑特鲁克港，在空中截击和轰炸将近一个小时，停在地面的 60 多架日机被击毁，机场设施大多爆炸起火。刚刚起飞的日机一架接一架被击落，有些飞行员在飞机被击落后穿着花睡衣跳伞逃生，可见他们登机时是多么匆忙。在港湾内毫无防备能力的货船、油船只能听任轰炸，而巡洋舰、驱逐舰则四散奔逃。到第二天，特鲁克港连续挨了四次炸，岛上机场和防空阵地基本被破坏，日机已无还手能力。美国的航空母舰编队也大着胆子靠近港口用舰炮射击。这次空袭十分成功，40 多艘日本舰船葬身海底，达 20 万吨，日机被毁 270 架，只剩下 6 架尚能作战。军港化为一片废墟，如同当年遭空袭后的珍珠港。

这件事对日本国内的政治也产生了影响。为进一步集中权力，日本首相东条英机以特鲁克遭到袭击为由解除了海军军令部总长永野的职务，由海相岛田兼任。同时陆军参谋总长杉山也被解职，由他本人亲自兼任。东条认为这样做能平息大本营内部在战略问题上的纷争。

对日本海军来说，雪上加霜的是不久又发生了联合舰队司令古贺大将失踪的事件。古贺将司令部迁到帛琉后，美机又不断来袭扰。3月31日他决定将司令部再迁至菲律宾南部的达沃。这里靠近婆罗洲的油田，军舰取用石油方便。这天上午，古贺和参谋长福留繁带着幕僚分乘两架大型水上飞机从帛琉起飞去达沃，途中在菲律宾南部棉兰老岛附近遇强风暴。福留繁的座机勉强在菲律宾的宿务岛海面迫降成功。他本人成为游击队的俘虏，后来被当地日军救回。而古贺的座机却下落不明，日机和舰船反复搜寻也毫无结果。这位联合舰队司令在任时间不到一年，他的职务由丰田副武大将接替。

美军对特鲁克只是不停地空袭，摧毁其防备力量而并不去进攻。在整个太平洋战争中，美军始终不在特鲁克登陆，只是使它成为没有什么威胁的孤岛。美军跳过一个个这样的岛屿，下一步是要跳越上千海里进攻马里亚纳群岛。

九
"马里亚纳打火鸡"

所谓"马里亚纳打火鸡",是指发生在马里亚纳海战中日本联合舰队遭到惨败时,几百架日军希望所在的舰载飞机除 25 架外,全都在硝烟弥漫的空中化为燃烧的火球坠入大海。打下日本飞机是这样容易,简直不像打飞机,好像是在猎捕火鸡,以致得意的美军飞行员把这叫作"马里亚纳打火鸡"。事情的经过是这样的。

1944 年初,战局对日本更为不利,美军已逼近日本所划定的"绝对国防圈"。在国内,自开战以来一直纷争不已的日本海军和陆军之间又产生了新的矛盾。这时双方正为 1944 年度的飞机分配额争执不休,大有不可收拾之势。海军主张今后的作战将以航空母舰和飞机为主,要优先生产海军飞机。日军的主战场在太平洋,只有海军飞机才能决定战局。而陆军的看法正好相反,估计海军的航空母舰实力已大减,海上决战已无希望,日军应转而采取守势,在诸多岛上打击登陆敌军,所以应该优先生产陆军飞机。后来几经反复,总算在 2 月双方达成妥协,由两个军种对半平分飞机。陆海军双方在分配飞机数额上如此难以协调,但在错误估计美军下一步进攻方

138

向上却相当一致。

自马绍尔群岛失守后，日本陆海军首脑机关就在猜测美军下一步的进攻矛头将指向哪里。5月27日，麦克阿瑟指挥盟军沿新几内亚北岸进攻，在比阿岛登陆。这个岛位于新几内亚西北的海湾出口处，岛上有3个机场，适处日军外围防线的要冲。在盟军登陆时，由葛目大佐指挥的守军占据了居高临下的断崖顽强抵抗，甚至还出动坦克猛烈地向美军坦克冲击。从岛上机场起飞的由高田少佐驾驶的飞机还与僚机一起撞击美舰，开创了日军以飞机撞军舰的特攻战法的先例。比阿岛的激烈战事使日军大本营以为找到了对手的主攻方向，决定无论如何要守住比阿岛，并制订了"浑作战"计划，准备出动14艘舰船运送2500人去增援比阿岛守军。海军还一厢情愿地设想这样就会把美国的太平洋舰队吸引到附近的帛琉群岛进行决战。

实际上美军的进攻重点并不在西南太平洋的比阿岛，而是在中太平洋的马里亚纳群岛。早在1943年10月，美国参谋长联席会议就决定在适当时机对马里亚纳群岛发动进攻。尼米兹接受任务后让斯普鲁恩斯指挥这场战役。地面部队则编为由特纳将军任司令的"联合远征军"，分为三支，特纳亲自指挥北部登陆部队，进攻马里亚纳群岛中的塞班岛和提尼安岛，康塔利少将指挥南部登陆部队进攻关岛，另一支是预备队。后因塞班岛战况激烈，遂集中兵力进攻塞班，然后再用以对付其他岛屿。

在日本联合舰队正忙于增援比阿岛时，美海军第5舰队司令斯普鲁恩斯在他的旗舰重巡洋舰"印第安纳波利斯"号上下令向马里亚纳群岛进军。米切尔中将率领航空母舰舰群打头，从马绍尔群岛中的马朱罗锚地向西北进发，后面紧跟着 535 艘舰船，载运着 127000 人的登陆部队和大量作战物资。东京的大本营对此竟浑然不知，武断地推测美军不会进攻马里亚纳群岛，因此把驻守在这里的海军王牌航空队第一航空战队差不多一半的飞机共 480 架调去执行"浑作战"计划，飞向西南太平洋的比阿岛和新几内亚。6 月 6 日，第一航空战队司令角田觉治中将整天忙着为远行的飞行员送行，联合舰队的主力则准备与美舰队决战。

6 月 11、12 日两天，美庞大舰队突然出现在马里亚纳海域，近 500 架舰载机对塞班岛、关岛和提尼安岛等地的日军机场狂轰滥炸，日军损失飞机达 400 多架。东京的大本营顿时紧张起来。马里亚纳群岛尤其是塞班岛，在第一次世界大战中被日本从德国手中夺得，后来日本向这里大量移民，在塞班岛上日本居民达 2 万多人。这里离日本本土距离不是很远，对日本来说这一带的防务非常重要，故而这些岛屿有"太平洋上防波堤"之称。美军如在这里部署远程轰炸机，就可以轻易地空袭日本本土。

6 月 13 日，大批美国军舰开始炮击塞班岛。在猛烈的爆炸和震动声中，纵横的街道和无数的军事设施一个接一个被摧毁，淹没在一片火海之中。塞班岛上的日军发回电报，预计今后两天内美军会在这里登陆。

事情已经很清楚，东京的大本营发现自己判断失误，决定放弃"浑作战"计划，准备实施"阿"号决战。"阿"号决战是大本营和联合舰队在一个多月前制订的一个作战计划，这个计划打算在从马里亚纳群岛至新几内亚太平洋上任何一地，集中以航空母舰为中心的机动舰队和陆基航空兵与美主力舰队决战，力争将其歼灭以挽回败局。这一计划是日本海军参谋人员绞尽脑汁策划的。首先由斗志顽强的角田中将指挥第一航空战队用 1700 架陆基飞机对付 1000 架美舰载机，以数量优势将其消灭。再由细心谨慎的小泽治三郎中将用 450 架航空母舰舰载机打击已遭重创的美舰队。最后派出以"大和"号、"武藏"号两艘巨舰为核心的舰队彻底消灭残存的美舰。

当然，这只是一个一厢情愿的纸上计划，实际情况没有这样乐观。按照计划应该有 1700 架陆基飞机，但这些飞机在以前连续两次的美机空袭中损失惨重。后虽经多次补充，也只有 1000 架左右。为执行"浑作战"计划，480 架飞机被派往西南太平洋地区。到新几内亚后许多飞行员水土不服得了热带病，这些飞机大多不能返回参加"阿"号决战。而留在马里亚纳群岛的飞机经过几天的空袭也在一天天减少。

统率马里亚纳群岛守军的指挥官是小畑英良中将。他在美军进攻塞班岛时恰好刚刚离开塞班岛去帕琉群岛视察，因为他与大本营一样，也认为美军不会马上进攻马里亚纳群岛。塞班岛上守军的主力是原驻名古屋的第 43 师团，原来的师团长是个皇族，金玉之身当然不能送上前线。在部队开赴塞班岛之前，临时改派斋藤义次中将任师团长。1944 年 5 月该师团大部到达塞班岛驻防，余部于 6 月份乘 6 艘运输船来塞班，途中遭到美军潜艇跟踪袭击，5 艘沉没，幸存的 1 艘打捞起落水的士兵，费尽千辛万苦才到达目的地，成千上万吨装备和修筑工事的材料沉入海中。被救上船的人多数受了伤，丢掉了武器，狼狈不堪。他们上岸不久就遇上了美军进攻。

岛上的守军包括海军在内近三万人，因小畑司令不在，归第 31 军参谋长井桁敬司少将指挥。海军老将南云忠一在瓜岛战役中被降职，指挥一支很小的舰队中太平洋舰队，这时他也在塞班岛上。

6月15日凌晨3时，大批美国运输舰相继驶到塞班岛附近海面。从舰上远望，海岛的黑影忽隐忽现，天上星光闪烁。舰上的美军士兵都已被叫醒做准备。在日出之前，美舰开始炮击日军阵地，不时还出动飞机轰炸。南云握着望远镜仔细地观察海面，他惊奇地发现向岛上开炮的战列舰正是他率舰队偷袭珍珠港时用飞机击沉的那几艘，这些巨型战舰被打捞修理后已重新服役。早晨7点多钟，美海军陆战队员吃完早饭，嚼着刚分到的口香糖，精神抖擞地跳上水陆两栖战车，越过礁石，向海滩蜂拥而来。

日军守军连日来遭受空袭和炮击，损失相当大，但仍然在海滩上顽强抗守。迫击炮弹像雨点一样飞去，日军的炮火打得很准。当天，登陆的美国海军陆战队的伤亡人数超过十分之一，达到2000人。但美军仍不顾伤亡，顽强地向日军防守的滩头阵地前进，终于在傍晚时成功地在岸上开辟了一个6公里长的登陆场，从船上卸下兵员和物资。滞留在帛琉的小畑英良在美军登陆后知道返回已很难，就向大本营请示让他留在帛琉指挥作战，遭到东条英机的斥责。东条命令他："采取一切手段速返塞班，直接指挥作战，不得有误。"

守军对联合舰队来解围寄予很大的希望。联合舰队司令丰田得知美军开始在塞班登陆，立即下令发起"阿"号决战。他向航空母舰机动舰队发出一份有名的电报："皇国兴废，在此一举。全体官兵，务须努力。"机动舰队的旗舰"大凤"号收到命令后，将一面涂上红黑黄蓝四种颜色的"Z"字旗高高挂在舰桥上，迎风招展。这份电报和"Z"字旗都是日本海军名将东乡平八郎在日俄战争中使用过的。整个舰队见到"Z"字旗立即驶离在菲律宾的停泊地，迅速向马里亚纳群岛进发。傍晚时，舰队正在穿过菲律宾中部的一条狭窄水道，这时在岸边山坡上突然燃起一堆熊熊大火，好像是当地游击队在向美国潜艇报告日军舰队出动的信号。当天晚上，美军潜艇就已发出密码电报，报告这一情报。

日机动舰队由 59 艘军舰组成，其中有航空母舰 3 艘、改装航空母舰 6 艘、战列舰 6 艘，还配有 473 架舰载机，是一支实力不弱的舰队。另外日军还从国内调了 140 架飞机转场去硫磺岛，准备寻找战机出动轰炸美国舰队，潜艇部队也调集了 20 艘潜艇急速赶往决战海域。严阵以待的美国海军第 5 舰队拥有航空母舰 7 艘、轻型航空母舰 8 艘、战列舰 7 艘，共有军舰 93 艘、舰载飞机 891 架，实力远远超过对手。斯普鲁恩斯还预作安排，派出一支分舰队去硫磺岛，袭击日军机场。

在塞班岛上，斋藤向东京发报，宣称他将发动反攻，"以一举歼敌"。日军采用了他们拿手的夜袭战术，因为美军控制了制空权，白天无法调动部队。深夜 3 点半，日军以步兵和坦克组成战斗队列。他们动用了 44 辆坦克，每辆坦克上搭载几名步兵，冲向美军阵地。美军不断向空中发射照明弹，把阵地照得如同白天。带队的日军军官乘坦克冲在最前面，很快中了炮弹就停了下来，后面的坦克继续向前冲。据一个参战的美国兵回忆当时的战况："日本兵总是在坦克一停下时就从坦克上跳下来，边唱日本军歌边用军刀刺刀乱砍乱戳。等其中一个人吹起军号后再全部进坦克。我们发射火箭弹回敬他们，把他们打垮了。"到天快亮时，日军伤亡惨重，败下阵来，只有不到 10 辆坦克安全返回。

6 月 18 日，正在扩大战果的美军占领了岛上的阿斯科特机场，缴获了几十架完好的飞机。日军开始放弃在平地的抵抗，向山里退却。井桁向东京报告："我只能掌握 3 个中队，其他部队情况不明。"塞班岛上的日军只有寄希望于联合舰队的到来了，南云以海军同仁的口气给联合舰队司令部发报，催促舰队快来解围。

在海上，由小泽治三郎中将率领的机动舰队正排好战斗队形渐渐驶近马里亚纳群岛。小泽是个沉默寡言行动谨慎的军人，曾刻苦研究过航空母舰作战战术，他相信虽然他的航空母舰只及美国人的一半但仍能取胜。他排列的战斗队形是以旗舰"大凤"号航空母舰为中心，周围再部署 5 艘航母，在主力舰队前面 100 海里处布置一支前卫舰队，拥有 3 艘航空母舰和"大和"号、"武藏"号、"金刚"号、"榛名"号战列舰。前卫舰队的任务是将敌舰队纠缠住，让后面主力舰队的舰载机予以攻击。两支舰队前后呼应，相互支援。舰载机还可以在关岛降落，经补给后再起飞，用这种"往复攻击"的战术打击敌人。另外他自恃日本经过改制的轰炸机和鱼雷机已把战斗距离延伸到了 400 海里，而美机因装甲厚只有 280 海里。他要把与美舰队的距离保持在 300 至 400 海里，这样他的航空母舰就在美舰载机的有效打击半径以外。这是小泽醉心已久的"外围歼击"战术。

这天黄昏，美舰队先发现了日舰队。米切尔主张连夜逼近日舰队交战，但斯普鲁恩斯不同意，他认为美航空母舰的首要任务是确保登陆美军的安全，不能驶出太远，决定舰队留在原地不动。这让米切尔很不高兴。第二天凌晨，小泽派出几十架侦察机，到早上他收到一份发现敌舰的报告，他还想等等其他的报告，但不见动静，7 时 30 分便下令攻击飞机起飞。

第一批攻击飞机由装炸弹的改型零式战斗机、彗星式轰炸机、天山式强击机等最新式飞机246架组成。这时天空乌云密布，狂风大作，海上不时飘洒着细雨。8时10分，从"大凤"号上起飞的最后一架轰炸机升空后突然后转俯冲入海，大家正大惑不解，只见飞机入海处附近有一条水波快速向"大凤"号袭来，在右舷舰桥下部爆炸。原来这是美军潜艇"大青花鱼"号发射的一枚鱼雷，另一枚本来也肯定会击中目标，但被刚才那个跃入水中的日机飞行员撞沉。"大凤"号的燃料仓被击中，但这艘32000吨的新型装甲航空母舰一开始没有多大问题，还能保持原来的航速。

忙中出错，有100多架日本陆基飞机为避开敌人雷达在低空飞行，飞到了小泽舰队上空，遭到舰上对空炮火的射击。等弄清楚是自己的飞机，这批冤死鬼已被击落2架，击伤5架。10时30分，第二批日舰载机80架出发。小泽松了一口气，紧张地等候着胜利的捷报。就飞机性能而言，美国的飞机较优越，飞行员也受过严格的训练。而他们的对手日本飞行员则缺乏训练，经验不足。这种差别很快就在即将爆发的大空战中表现出来。

米切尔在上午10时根据舰载雷达的测定已知道日机正在飞来，就下令450架战斗机全部起飞。随后命令俯冲轰炸机和强击机飞往关岛，轰炸扫射岛上的机场，不让日机在那里着陆。美战斗机群在雷达引导下到日机必经的路线上在高空伏击。装甲很薄的日机装载着重磅炸弹，加上又飞行了两个多小时，速度很慢地飞入伏击圈。成群的美战斗机涌来，把一架又一架日机打得爆炸开花。一个美国飞行员回忆："日本飞机像树叶一样往下落。"空战最激烈时竟有15架日机同时中弹起火，空中像放开了焰火。美军大获全胜，有一个美军飞行员欣喜地叫道："这真像古代捕猎火鸡。"后来这场空战就以"马里亚纳打火鸡"而闻名。

躲过伏击、好不容易到达美航空母舰上空的日机又遭到稠密的防空炮火阻拦，难以发挥优势。只有几架日机攻击成功，炸伤了航空母舰"黄蜂"号、"崩克山"号和战列舰"南达科他"号。第二批 84 架日机没有找到美舰队，就掉转方向准备在关岛机场降落，但结果不是被等在空中的美机击落，就是迫降在满是弹坑的机场跑道上自毁。

上午 11 时 30 分，参加过偷袭珍珠港和珊瑚海海战的航空母舰"翔鹤"号被一艘美国潜艇发射的 3 枚鱼雷击中，引起无法扑救的大火。这艘航母烧了一阵后沉入马里亚纳海沟，舰上 1300 名官兵只有少数人生还。在"大凤"号上，破损的地方已被堵住，但燃料仓破裂溢出的油气四处飘散，终于在中鱼雷 6 个小时后发生了惊天动地的大爆炸，飞行甲板完全被烧穿，不多久就无法抢救慢慢下沉。小泽本想与这艘航空母舰一起沉没，但后来在亲信部下的苦苦劝告下一言不发地上了小船，把司令部移到了别的舰上。"大凤"号刚下水才 3 个多月，是世界上最大也是技术最先进的一艘航空母舰。舰上的 2150 名官兵只有 500 人获救。到这时小泽已损失了 300 多架飞机。而美军舰队的损失微不足道，只有两艘航空母舰以及战列舰和巡洋舰各一艘受伤，仅损失了 30 多架飞机。

6 月 20 日，马里亚纳海面天气晴朗，微风吹拂。联合舰队司令丰田在得知初战失利后向小泽发出了后撤的命令。小泽在接到命令后将舰队撤向西北，他只剩下 120 架飞机了。小泽还抱有希望，想在补充燃料后再组织一次进攻。

可米切尔不愿意让小泽的舰队有休整的时间。下午 4 时，美军侦察机发现了日军舰队的踪迹。这时已近黄昏，米切尔进退两难。如果发动攻击，美机往返 700 多海里，已达其航程的极限，而且攻击后已是晚间，返航危险很大，但不发动攻击又可能就此失去战机。经过反复考虑，米切尔果断地下令飞机立即起飞。216 架飞机听令后振翅扑向西北方向。小泽已得到报告美机出动，知道危险正在降临，命令正在加油的舰队全速逃离，但为时已晚。下午 5 时 30 分左右，美舰载机群赶上了日舰队，机翼在夕阳照射下映出血红色，闪闪发光。小泽见大势不好，慌忙拼凑了 75 架飞机升空拦截。

"注意，首先攻击航空母舰。"美机带队军官下达命令。美机立即在夕阳余晖的映照下冒死攻击，冰雹般的高爆炸弹排空而下，海面上掀起的高大水柱如同瞬间长出的森林。美机攻击的目标集中于日本的航空母舰。在近一小时的战斗中，"飞鹰"号、"瑞鹤"号、"隼鹰"号、"龙凤"号 4 艘航空母舰中弹受伤。激战中日方舰队又损失了 65 架飞机。

扔完炸弹后美舰载机群丢下燃烧的日舰队胜利返航。晚上 7 点多钟，美机群在一片黑暗中找到了母舰，但舰队实行严格的灯火管制，没有照明，美机难以安全着陆。大家都看着米切尔，只有他有权解除灯火管制。但航空母舰舰群造价高达上百亿美元，上面载有 10 万官兵，一开灯就会成为攻击的目标，谁能保证附近没有日本的飞机和潜艇在活动？米切尔又一次当机立断，下令开灯。刹那间所有航空母舰打开了引导飞机的导航灯，飞行甲板上灯火通明，探照灯刺破夜空。这时大多数美机因燃料已将耗尽，蜂拥朝甲板飞来，发生了一连串碰撞事故。不少耗尽燃油的美机落入水中，驱逐舰和水上飞机忙着营救落水的飞行员。这次返航美机坠毁达60多架，比作战中的损失还大。

伤心地看着冒着浓烟的航空母舰，小泽还想蛮干，想用战列舰进行夜战。在濑户内海坐镇指挥的丰田认为败局已定，赶忙命令小泽率舰队返航回冲绳岛的基地。美军轰炸机只给小泽留下了35架飞机。当天晚上，小泽要求引咎辞职，丰田像山本在中途岛海战后一样主动承担责任，拒绝接受他的辞呈。在马里亚纳群岛附近游弋的20艘日本潜艇也未取得什么战果，平白无故地损失了13艘。至此，这场太平洋战争中规模最大的海战结束了。

海上的决战惨败，岛上的战事对日军也很不利。美军已占领了塞班岛很大一部分，美军飞机可以在岛上机场起降。东京大本营内的参谋军官们大骂岛上守军无能，井桁收到东京发来的一份电报，口气极为严厉："天皇命令井桁敬司，死守阿斯利特机场。"井桁觉得自己为守岛已费尽心机，大发雷霆地回电："不可能的事情就是不可能。"

逗留在帛琉的小畑在东京的严令下计划在塞班北部的小型机场降落。他乘坐一架飞机去塞班，在途中遭美机拦截，逃脱后在关岛着陆。刚到关岛，大本营又发来催命符："军司令为何在帛琉或关岛指挥作战，实属不当，应迅速返回塞班。"小畑非常气愤，立即回电："返岛已无可能，敦请大本营重新研究前线现状。小畑非怕死之人，留驻关岛乃最佳方案。"双方打起了电报仗。

而在塞班岛上，日军中流言纷传，"联合舰队已突破美舰队布置的五道防线中的第四道，正在激战"。士兵们相信海军不会扔下他们不管，肯定会来救援。一到夜里他们就会背上地雷，潜入阿斯利特机场，要为援军的到来去炸美军飞机。

在东京，身兼首相、陆相和参谋总长三职的东条英机下令增援塞班。舰艇、人员和物资正在集中，但联合舰队的惨败给增援计划泼了一盆冷水，陆军不愿在没有制空权和制海权的情况下贸然出兵，害怕会重蹈瓜岛之战的覆辙。打了败仗的海军却主张集中海军所有军舰和飞机反攻塞班岛，海军军令部制订了新的决战计划，把所有的舰队、飞机全部投入战斗，再从陆军调拨 100 至 150 架可以在航空母舰上起降的飞机。陆军对此计划并不热心，反对调拨他们的飞机。陆军倾向于放弃塞班，收缩防线，守卫菲律宾、台湾、硫磺岛一线。得不到陆军支持，反攻塞班的计划自然也就胎死腹中了。

6 月下旬，塞班岛上的日军只剩下不到一半了，武器弹药也严重不足，但仍牢牢地防守着塞班中部的山地。守军利用山地的复杂地形顽强固守，美军伤亡很大。有一段阵地甚至被美军称为"死亡之谷"，美军动用了一个陆军师攻了 3 天都攻不下来，师长史密斯少将被当场撤职。井桁充满希望地向大本营报告能守住中部山地，只是需要增援。大本营第二天发出回电告诉井桁，"所谈增援碍难照准"。得不到增援的日军是无法长期坚守阵地的。

到 7 月初，塞班岛上的日军已被赶到岛的一端，难以组成一道贯穿全岛的最后防线。走投无路的指挥官决定在 7 月 7 日拂晓进行一次"玉碎攻击"。

在发动"玉碎攻击"的前一天上午，井桁少将、斋藤中将和南云中将决定一同切腹自杀，为即将发动进攻的日本兵送行。三人都穿着咔叽军服，盘腿坐在山洞前。南云先切腹，再由站在身后的副官在他头上补一枪。斋藤因体弱无力只好请人帮他切腹，只有井桁是自己切腹而死的。他们这样做目的是要在"最后的进攻中鼓舞士气"。傍晚时分，海军方面打来电报："只要一息尚存就要死守到底！"岛上的海军残兵转而反对发动自杀攻击，让陆军单独按计划实行最后的反攻。

陆军士兵们纷纷在寻找武器弹药，但许多人只能用刺刀、手榴弹甚至棍棒作武器。他们在星光下吃完了所有剩下的食物，等待进攻的命令。凌晨3时，"玉碎进攻"开始。美军已有所觉察，做好了准备等着。日本兵一批接一批如同潮水般涌来，最前面的人高举一面大旗，像演戏一样领队冲锋。有些人被枪弹打中，鲜血淋漓仍毫不在意，拼命地向前走。连伤兵都裹着纱布，拄着拐棍一瘸一拐地挤在队伍中。他们都大声叫喊着，还唱起了军歌。喝醉酒的人大摇大摆像平常走路一样，对射来的子弹毫不躲避。这是岛上日军最凶猛的一次冲锋。人流踩着堆积如山的尸体冲进美军阵地。到天亮时，日军再也无力进攻，阵地上留下了4300多具日本兵尸体。聚集在岛北端的日本居民看到日军已败，不少人听信日军的恐怖宣传，相信美国人会阉割日本男人或把他们送到孤岛上去，甚至把日本人全部杀光。日本居民开始了血腥的自杀，他们先把婴儿摔死在岩石上，然后再抱着大点的孩子全家人跳崖而死。美国兵看到被海浪冲击的儿童尸体，对这种自我毁灭的行为十分不解。总共有15000名日本居民毫无意义地自杀。

7月7日当天，美军宣布占领塞班岛。由于日军顽强抵抗，美军阵亡者达3400多人。

攻下塞班岛后，美军于7月21日开始进攻关岛。关岛是马里亚纳群岛中最大的岛屿，战前是美国领地。在发动进攻前，美战列舰用巨炮炮击岛上的日军阵地达半个月，是太平洋战争中炮击对方阵地最长的一次。岛上日军对付登陆作战的特点是不断发动猛攻，直至大多数人被打死。8月10日，小畑向东京发报，报告"守住关岛已无望，明日将同敌人作最后一战"。第二天有组织的抵抗即告结束，小畑战死。但分散躲在孤立据点里的日本兵顽强抵抗，一直到第二年。最后一名日本兵在关岛走出丛林投降是在1972年。7月24日，提尼安岛遭到15000名美海军陆战队员进攻，美军在这里首次使用了凝固汽油弹，岛上有几千名日本兵被烧成灰烬。

战局急转直下，在日本国内也引起了很大反响。国内不少人对东条英机的极权统治很不满意，甚至有人在策划暗杀他。塞班岛惨败后东条夫人接到不少匿名电话，问她的丈夫自杀了没有。连天皇也认为必须换人了，7月18日，日本当局公开宣布塞班岛失守，东条英机内阁集体辞职。东条退出现役被编入预备役，在家中闲居度日。4天后，从朝鲜召回的小矶国昭大将就任首相，米内光政大将接替岛田出任海相，杉山元出任陆相。

当尼米兹指挥太平洋舰队向西横扫时，麦克阿瑟指挥盟军在南方也不断进攻。盟军登陆比阿岛后日军凭险苦守，6月19日盟军发动总攻，日军节节败退。7月1日，日军指挥官葛目大佐在弹尽粮绝的情况下切腹自杀，比阿岛上的8000名日军被全部消灭。

美军进攻的利矛已划开了日本的"绝对国防圈"，美国总统罗斯福已开始考虑如何协调美军，从两个不同方向向日军作为要塞坚守的菲律宾进攻的问题了。

十

逐鹿莱特湾

　　菲律宾对麦克阿瑟是一个敏感的地方。他梦寐以求的就是要实现自己在 1942 年许下的打回菲律宾的诺言，现在眼看就要有这样的机会了。麦克阿瑟制订了返回菲律宾的计划，盟军先在菲律宾南部的棉兰老岛登陆，修建机场，然后进攻莱特岛，再占领吕宋，他要非常隆重地进入首都马尼拉。但在 6 月，美国参谋长联席会议提出一个新的计划，准备对菲律宾弃之不顾，横越太平洋直接进攻日军占领下的台湾。这使麦克阿瑟非常愤怒，因为那样他就不能扮演"菲律宾解放者"这一光荣的角色了。他威胁美国军事战略的决策者，抛弃菲律宾人"将招致该民族的敌意，我们或许会在远东所有民族中丧失威信，在今后许多年中对美国产生不利影响"。麦克阿瑟的顶头上司陆军总参谋长马歇尔对此并不让步，劝告他"不要因个人感情和菲律宾的政治"影响早日结束战争，提醒他"绕道"并不是"抛弃"。麦克阿瑟要求让他直接去华盛顿申诉自己的意见，甚至暗示如不进攻菲律宾他就有可能辞职。

　　为解决这个问题，罗斯福总统准备去夏威夷召集麦克阿瑟和尼

在菲律宾的麦克阿瑟

米兹两位战场主帅举行会谈。7 月 26 日，罗斯福总统乘坐重巡洋舰"巴尔的摩"号到达夏威夷。这时麦克阿瑟也乘"巴丹"号飞机赶来，仅比罗斯福早到一小时。喜好戏剧性惊人之举的麦克阿瑟还安排好了一幕。罗斯福在夏威夷的海军码头与迎候他的人见面后问："麦克阿瑟在哪儿？"他刚问完就听见开路的摩托车轰鸣着向码头开来，不一会麦克阿瑟从高级敞篷轿车上走出来，他身穿皮夹克和普通军裤，头戴便帽，口含玉米芯做的烟斗，大出风头，弄得罗斯福很不习惯。

第二天上午，三人举行了重要的军事会议，决定下一步在哪儿向日军进攻。会议室墙上挂满了作战地图。麦克阿瑟手持竹棍，指着地图慷慨陈词，提出要经莱特岛占领吕宋，不能抛弃菲律宾人民，不然"美国舆论就要谴责总统先生"。尼米兹则不以为然，提议绕开防范甚严的菲律宾，直接攻打台湾，在这里切断日军的补给线。罗斯福坐在轮椅上，耐心听着，尽力缩小两人意见的分歧。尼米兹不是一个固执己见的人，他渐渐放弃了金上将绕开菲律宾的作战计划，接受了麦克阿瑟的主张，在进攻台湾前必须解放全菲律宾。麦克阿瑟回澳大利亚后高兴地对幕僚们说："我们的计划卖出去了。"

在美军制订作战计划时，东京的大本营在猜测美军下一步的进攻方向。有 4 个作战方向：1、菲律宾；2、台湾、琉球；3、日本本土；4、千岛群岛、库页岛、北海道。可能性最大的是菲律宾，这里将是最后决战的战场。具体决战地点定在美军很可能会首先进攻的莱特岛。莱特岛位于菲律宾群岛中部，战略地位重要。该岛附近海域宽广，是发动海上攻击的最佳地点，联合舰队将在这里与美舰队决战。陆上将采用在纵深地区节节抵抗的办法，放弃过去那种并无效果的"歼灭敌人于登陆地"的战术。

9月，麦克阿瑟和尼米兹指挥下的美军开始了攻占菲律宾的序幕作战，对日军重兵防守的菲律宾外围防线用兵。

9月15日，麦克阿瑟出动近3万人突然袭击了在新几内亚和棉兰老岛之间的一个小岛摩罗泰。美军大兵压境，100多艘舰船云集在附近摆开阵势，麦克阿瑟乘坐"纳什维尔"号军舰亲自督战。岛上的守军大多是日军从台湾高山族青年中强征的兵，受过游击战的专门训练，擅长近战。在美军登陆后，几支特工队偷偷进入美军阵地进行肉搏战，害得美军夜里都不敢放心地睡觉。在舰炮凶猛火力的支援下，美军与以死相拼的日军激战几日，日军防线才逐渐崩溃，残余的日军逃入山中。摩罗泰被攻下后，麦克阿瑟在菲律宾南部有了一个前进基地，这就离他返回菲律宾的日子不远了。

在麦克阿瑟出兵摩罗泰的同时，尼米兹指挥下的美军开始向帛琉群岛发起进攻。

帛琉群岛位于加罗林群岛最西端，是从另一方向向菲律宾进军的前进基地。尼米兹选择帛琉群岛中的波利略岛为目标，乘胜而来的美军先进行凶猛的舰炮炮击和飞机轰炸，然后一个师的登陆部队轻松地上了滩头，几乎没有遇到多少抵抗。美军指挥官估计可在几天内结束战斗，后来的战事证明他们错了，岛上的守军十分顽强。守军指挥官中山州男大佐采用了纵深防御的战术，把阵地修在远离海滩的山地，在石灰岩山脊上打通天然溶洞，连接着一连串坚固的工事，洞顶再灌注大量水泥。这种工事是任何炮火都难以毁坏的。美军被这密如蜂窝般的洞穴阵地挡住，伤亡惨重。夜晚日军小分队又钻出洞来骚扰不断，彻夜枪声不停。恶战一星期，美军伤亡达

4000 人。

这些洞很深，枪炮都奈何不得。后来美国兵专门使用了新式的远程喷火器，火舌长十几米，这才烧死了据洞顽抗的日军。分散在山中的残余日军一直坚持到第二年 2 月，不时打死一些单独行动的美国兵。美军占领这个小岛的损失超过历时半年之久的瓜岛争夺战的损失，在这里消灭一个日本兵平均要耗费 1100 发轻重武器弹药。不过两支美军劲旅已从不同方向包抄过去，逼近已成一巨大要塞的菲律宾。

9 月下旬，米切尔用航空母舰舰载机猛烈地轰炸菲律宾，他大胆地把航空母舰开到离吕宋海岸只有 40 海里的地方，对马尼拉地区进行了 4 次空袭，有 200 架日军飞机在地面被毁，停泊在马尼拉湾内的舰船也严重受损。

这时，美军对菲律宾的进攻已迫在眉睫，东京的大本营也在做准备。曾断言"说空话不能击沉航空母舰"的黑田中将被撤掉了驻菲日军司令职务，大本营从中国东北调来了战争初期因攻占马来亚和新加坡而立有战功的山下奉文大将，由他接任黑田的职务，出任第 14 方面军司令。山下一向以骁勇善战著称，有"马来之虎"的称号。他在接到调他南下的命令后竟对同僚垂泪告别，他知道菲律宾之战凶多吉少，但日本的命运只有看此一战了。他先去东京一个星期，了解情况，得知大本营要把莱特岛作为决战地，然后赴马尼拉布置。

到 10 月，在新几内亚北面海域，一支巨大的舰队正准备向北进发，舰船上载有麦克阿瑟手下 16 万人的登陆部队。为在莱特岛登陆，麦克阿瑟和尼米兹的两支从不同方向开来的部队将第一次联合作战。哈尔西奉命带领他的强大的航空母舰舰队在菲律宾至冲绳之间的海域来回巡逻，随时敲打准备支援菲律宾守军的日军飞机。前一段时间中，日军在菲律宾的飞机差不多都被他炸光了。10 月 10 日，哈尔西又派出大批飞机，在菲律宾击毁了残剩的 100 多架飞机和大量舰船。第二天他派出飞机从 4 艘航空母舰上起飞，去攻击驻台湾的日军基地。

这时，在台湾的原联合舰队参谋长、第 2 航空战队司令福留繁派了 200 多架战斗机抢先出动，去伏击飞来的美机。因为燃料匮乏，日军新征召的飞行员都得不到正常的训练。许多飞行员主要是在电影里学习作战飞行技术。日本的东宝电影公司在人工湖中摆上一些模型军舰，在空中用铁丝吊上模型飞机，模拟作战过程，拍了几部空战影片。为了省油，就靠放映这种影片作为主要训练手段，实战结果自然可想而知。在迎击第一批美机时，福留繁就损失了三分之一的零式战斗机，在第二次作战中差不多全军覆没。当时，观战的福留繁看见飞机一架接一架坠落，拍手称快，再仔细看看又大失所望，被击落的都是他派出的战斗机。黄昏时日军为报复，派出专为夜战设计的 30 多架轰炸机，向美航空母舰扑去。为躲避雷达跟踪，这批飞机贴着海面飞行，炸伤了航空母舰"富兰克林"号和重巡洋舰"堪培拉"号。为制止日机的骚扰，上百架美军 B—29 轰炸机从位于中国的机场起飞，轰炸了高雄地区。在连续两天的空战中，驻台湾的日军有 500 多架飞机被毁，美军只损失了 79 架。但那些运气好活下来的日本飞行员却报告说，他们获得了日本海战史上最重要的胜利。他们把自己一方飞机坠入海中当作敌舰中弹了。

10 月 15 日夜晚，日本广播电台宣布哈尔西的航空母舰已全部被击沉，日本人从战报中知道皇军取得了"第二个珍珠港"胜利，击沉美国海军11艘航空母舰。政府在日比谷公园开会庆祝这次"大胜"，小矶国昭首相在会上预言"胜利即在眼前"。天皇传谕全国放假一天以示庆祝，两年多来这还是第一次放假，日本国内沉浸在一片胜利的欣喜之中。希特勒和墨索里尼也发来了贺电。哈尔西听到这样离奇的战报，以幽默的口气向尼米兹发报："已打捞起被击沉的舰只，正以高速向敌方撤退。"他下一个任务是支援美军在莱特岛登陆。

10月17日凌晨，菲律宾海面刮着台风。美军一支配备有巡洋舰、驱逐舰和运输舰的舰队穿过大风大浪进入莱特湾。美军一个步兵突击营先在莱特湾口的小岛苏兰岛登陆，岛上只有几十名日军，很快就被消灭了。第二天中午，军舰开始沿海湾炮击莱特岛，这是为庞大的登陆部队做准备。

10月19日天刚蒙蒙亮，由157艘军舰和420艘运输船组成的庞大舰船群驶近莱特湾。领头的战列舰和巡洋舰开始炮击登陆海滩，航空母舰舰载机挨个攻击已被多次炸过的机场。船上的士兵们躺在吊床上计算着登陆的时间，心情难以安定下来。

10月20日拂晓时，莱特岛已清晰可见，太阳冉冉升起，把海上的舰队照得通红。又是一阵更加猛烈的炮击，当时正在现场观战的麦克阿瑟这样描述，"成千上万门舰炮发射的炮弹的轰隆声接连不断，震耳欲聋。火箭拖着长长的白雾交错着划破长空，一道道浓烈的烟柱从地面升起。山顶上，一群群飞机在空中呼啸而过"。整个海岸成为一片火海，岸边的茂密树林顿时化为一堆堆烟雾弥漫的火场。然后运输船驶过水平如镜的海面，到达指定位置。

提出用飞机撞军舰战术的大西泷治郎

9时45分，登陆艇并排成长长一列驶向海岸，登陆部队冲上海滩，日军的抵抗不太顽强。到下午时滩头的战斗已结束。麦克阿瑟换上一套新军装，戴上墨镜，嘴里叼着烟斗乘驳船靠岸后涉入没膝的海水中，走上海滩。早已准备好的摄影师拍下了这一场面，这张照片很快登在全世界各大报纸上。在海滩上，一个通信兵调试好麦克风请他讲话，作为菲律宾"自由之声"电台恢复广播的标志。麦克阿瑟激动地说："菲律宾的父老兄弟们，我回来了。我们的部队已经登上了菲律宾的土地……"他还让指挥官们都离开前线，去出席在一幢被炸毁的大楼台阶上举行的菲律宾政府复位的仪式。麦克阿瑟对这一切安排非常满意。他还收到了罗斯福总统发来的贺电："举国上下感谢你，全国人民都为你及你部下的反攻取得的成功祈祷。"

美军当天登陆的损失微不足道，只有49人战死。岛上守军是由牧野四郎中将指挥的第16师团，其前沿阵地已被几天的炮击摧毁。对美军打击较大的是一架日军的鱼雷轰炸机突破了防空火力，击中一艘美重巡洋舰。

尽管如此，东京的大本营看中莱特岛是理想的决战战场，遂命令山下奉文组织所属日军在莱特岛决战。山下对此缺乏热情，他向顶头上司南方军司令寺内元帅一再提出，莱特岛已被美军用飞机和潜艇封锁，在增援到达时仗就会打完，只有吕宋才是真正的决战战场。而寺内仍固执地命令山下"全歼敌军于莱特"，并安慰山下，即将发起的海军大反攻会把美国舰队全部击沉在莱特湾。山下无奈，只得电令牧野死守莱特岛，又向牧野的上司第35军司令铃木宗作中将发出命令："举全军兵力，力求歼灭在莱特登陆之敌。"

为进行莱特决战，日本联合舰队正准备执行天皇批准的"捷一号"作战计划，即出动一切可以动用的军舰进攻在莱特湾登陆的美军。作为联合舰队主力的机动舰队仍由小泽治三郎指挥。机动舰队拥有大型航空母舰"瑞鹤"号、轻型航空母舰"瑞凤"号、"千岁"号和"千代田"号，还有由战列舰改装的航空母舰"伊势"号和"日向"号，但只有116架舰载机。除机动舰队外，从新加坡开来的第一进击舰队由栗田健男中将指挥，拥有"大和"号、"武藏"号等7艘战列舰和11艘重巡洋舰。为这次决战，日本海军还使用了新密码，使夏威夷的美国海军情报专家一时无法弄清联合舰队的作战意图。

10月20日栗田接到命令，要他在25日拂晓率舰开进莱特湾，用巨炮消灭美军的登陆舰船。栗田知道没有飞机护航，他的舰队开往莱特是一次冒险，他估计至少要损失一半的舰只。栗田让西村祥治中将率领2艘老式战列舰和4艘巡洋舰与主力舰分开行驶。在出发前他召集各舰舰长开会，针对官兵们不愿冒险突击莱特湾的心理，他咄咄逼人地训话："战局比诸位想象的要严重得多。如果我们不为国尽力，国亡时而舰队存，那将是我们的一大耻辱。希望大家努力奋战。"

第二天清晨，刚出航不久的栗田舰队遭到守候在航道上的两艘美国潜艇的袭击。旗舰"爱宕"号被击中下沉，栗田带着参谋人员跳水逃生。重巡洋舰"摩耶"号中鱼雷后断为两截沉没，另一艘巡洋舰"高雄"号受伤返回婆罗洲。总共有2000名水兵淹死。而美军的损失只有一艘潜艇触礁。对栗田来说真可谓出师不利，他的行动已被发现，前途凶险莫测。

11月24日上午，栗田的舰队被一架美军侦察机发现。他在新旗舰"大和"号上请求驻菲律宾的日军飞机给予空中掩护，可一架也没有来。日军飞机都被调去攻击美军军舰。这时有150架日机去轰炸美军的航空母舰，离军舰老远就遭战斗机拦截损失了一半以上。只有一架日机单独从高空插入，冒着炮火向下俯冲，重创了航空母舰"普林斯顿"号，舰尾的弹药仓爆炸，炸出的无数碎片还砸死了在旁边帮助灭火的一艘巡洋舰上的200多人。最后，一艘美舰自己发射了几枚鱼雷，把漂浮在海上的"普林斯顿"号送入了海底。

在发现了栗田的舰队后，哈尔西命令舰载机前去袭击。不到两个小时，几十架美机找到了日舰队。"武藏"号和"大和"号是日本海军两艘最大的军舰，性能优越，全舰由不透水的墙板将舰体分割成许多小间，舰上的装甲很厚，被认为是不会沉没的巨舰。这两个庞然大物成为攻击的主要目标。"武藏"号的命运不佳，在一开始的攻击中就中了1颗炸弹、4枚鱼雷，但仍能继续航行。但不久"武藏"号就被蜂拥而来的飞机团团围住，连中几颗高爆炸弹，舰身又中了1枚鱼雷。"武藏"号用上了它的看家功夫，用世界上最大口径的炮向空中发射开花炮弹，以驱散空中的飞机，但却没有命中一架飞机。接着又是一连串的鱼雷和炸弹落下，命中舰身，舰桥上的人差不多全被炸死。"武藏"号已无能为力，它总共中了17颗炸弹和19枚鱼雷，甲板开始浸水。这艘69000吨重的巨舰冒着黑烟，渐渐船舷倾斜没入水中，炮塔像小岛一样露出水面。在一阵震耳欲聋的爆炸声中，"武藏"号终于沉入海藻丛生的海底。"大和"号也中弹多处。为逃避攻击，栗田下令暂时返航，在摆脱美机追踪后再带着舰队重新向莱特湾前进。

当栗田的舰队向北行驶时，小泽的机动舰队正向南驶去。按计划他要与栗田和西村汇合，进攻莱特湾的美国舰队。但他清楚地知道他仅有的100多架舰载机打不赢仗，唯一的办法是让他作为诱饵把哈尔西的航空母舰吸引开，这样栗田就能安全地攻击停泊在莱特湾的运输船。为了吸引哈尔西的注意，他派出76架飞机去主动攻击美舰。24日下午4点多钟，小泽的机动舰队被美侦察机发现，这正是他想要做到的事。小泽立即电告栗田，美航空母舰将被他吸引开，让栗田立即北上。大概是因为电力不足，这份至关重要的电报竟然没有被栗田收到。

发现小泽舰队的踪迹，性情急躁的哈尔西果然中计，亲自指挥米切尔率领的航空母舰舰队离开要保卫的登陆滩头和舰船北上。哈尔西只留下金凯德少将的第7舰队以对付栗田的舰队，可金凯德只注意西村率领的小舰队。

西村的舰队以重巡洋舰"最上"号和3艘驱逐舰开路，一路遇到鱼雷快艇的袭击，但没有什么损失。夜幕降临时，金凯德强大的舰队正等着它的到来。好奇的麦克阿瑟也在一艘舰上，他说一生中还没见过海战，这次要看一回。深夜时分两支舰队相遇，6艘美战列舰一起开火，炮弹准确地击中日舰。没多久旗舰"山城"号全身烈火熊熊，翻身入海，把西村和全舰水兵带入海底。西村舰队最后剩下驱逐舰"时雨"号一艘幸存。

这时另一支单独行动的日军小舰队由志摩中将率领冲来想参战。志摩赶到时，看到一艘艘冒烟的日舰，显然再冲进美舰队中不是明智之举。他收容起西村的残部立即逃之夭夭。

只有栗田的舰队这时不会遇到拦截。他率舰队进入菲律宾海后，原以为会遭到强大舰队的攻击，但海面上却连一艘美舰也没有。栗田小心翼翼地沿着海岸驶向莱特湾。在海上他意外地发现了 4 根桅杆，前方突然出现了一支航空母舰舰队。这是美军的一支辅助舰队，由 6 艘护卫航空母舰、3 艘驱逐舰、4 艘护卫驱逐舰组成，任务是为在莱特岛的地面部队提供空中保护。这种护卫航空母舰的飞行甲板很薄，每艘舰上只能停放 30 多架飞机，配备一门大炮。栗田立即向联合舰队司令部报告："天赐良机，我舰队正急进攻击敌航空母舰。"

栗田命令各舰散开全速包围上去。"大和"号战舰的巨炮发射出硕大的炮弹。为了确定弹着点，炮弹内都装了染料，顿时各种彩色液体在海面上四溅，非常壮观。驱逐舰"约翰斯顿"号很快连中几发炮弹，甲板和舰桥上满是尸体。另一艘驱逐舰"霍尔"号中了日舰几十发炮弹，舰身倾斜后被放弃。

6 艘护卫航空母舰排列成圆形阵边施放烟雾边退却。在日舰追击时，1 艘中弹沉没，还有 2 艘受伤。这时从另两支辅助舰队护卫航空母舰上起飞的飞机赶来救援，3 艘日重巡洋舰遭重创，退出战斗。尽管如此，在栗田巨舰的围攻下，这几艘美国的护卫航空母舰肯定将难逃覆灭的命运。但突然日舰炮声戛然而止，奇迹出现。栗田想起他的主要任务是进攻莱特湾的美舰，就命令舰队停止追击，离开战区。

刚经受住栗田舰队的巨炮轰击，这些护卫航空母舰还不能为此而庆幸。一个小时后 9 架日本飞机从低空飞来，躲开战斗机的拦截，朝护卫航空母舰的甲板俯冲。这几架日机采用了新的战术，机翼上挂上炸弹向美舰撞击。"圣海"号的飞行甲板被撞中，引起一连串爆炸后沉没。

这是日军刚刚成立的"神风特别攻击队"，由第一航空战队司令大西泷治郎中将发起组织的。具体做法是用零式战斗机带上250公斤炸弹俯冲撞击美国的军舰。按照大西的如意算盘，一架飞机对准目标冲下来，就有可能撞沉价值超过飞机几千倍的军舰。一架载着炸弹的飞机冲撞在航空母舰甲板上造成的破坏，比2枚鱼雷或12颗常规炸弹造成的破坏都要大。日军大本营本来准备把特攻队编入正规部队，但又觉得这样做太露骨，就半推半就地算作志愿组织，"以个人资格配属作战部队"。飞行员在出发时不带降落伞，起飞后飞机起落架自行脱落，连人带飞机作为"肉弹"。

栗田用了不少时间才把散开的舰只集合起来，排成圆形队列继续开向莱特湾。他原有的32艘军舰只剩下15艘了。这时如果栗田带领军舰闯入莱特湾去攻击聚集在那里的约80艘美国运输舰船，那么他可以把它们全部打沉。令人不可思议的是他却相信了一份刚刚收到的电报，以为附近有一支美航空母舰舰队在活动。几天没有合眼的栗田又改变主意，居然放弃眼看就要到手的猎物，命令舰队掉转航向，驶向北面，计划在陆基飞机支援下进攻敌航空母舰。

而栗田想要消灭的美航空母舰主力这时正在北面很远的地方追击小泽的机动舰队。先是有3架侦察机准确地发现了日本舰队的位置。小泽只留下9架战斗机护航，其余舰载机飞往菲律宾的机场保存，可见他是准备自我牺牲的。不久180架俯冲轰炸机、战斗机和鱼雷机袭击了"千岁"号和"瑞凤"号两艘航母，失去空中掩护的日舰只能用高射炮还击。在黑压压机群的轰炸下，"千岁"号中弹后下沉，"瑞凤"号受伤。曾参加过多次海战的大型航空母舰"瑞鹤"号中了一枚鱼雷。第二批美机来攻击时，第四艘航母"千代田"号中弹，舰身燃烧起火，严重倾斜。小泽一声不响地甘当鱼肉，任人宰割，他的目的是要为栗田创造消灭莱特湾内美舰船的机会。在"瑞鹤"号受伤后他搬到一艘轻巡洋舰上，放眼望去，整个机动舰队被炸得七零八落。下午200架美机发起第三次攻击，"瑞鹤"号和"瑞凤"号再次起火。在遭到第四次攻击后，这两艘巨舰开始下沉。小泽损失了4艘航空母舰和1艘由战列舰改装的航母，但莱特湾内的美军舰船仍在海面上，栗田没有利用小泽以沉重代价换取的这个机会。

哈尔西战胜了小泽的诱饵舰队，但却使停泊在莱特湾内的美运输船队处于危险之中。坐镇在珍珠港的尼米兹知道这一情况后，发电给哈尔西询问他的舰队在什么地方。密码员为保密在后面添上"全世界都想知道"的句子，译电员不知其意原封不动照译出来，使这封电报有一种责备的口气。哈尔西看到时感到"好像被人在脸上打了一记耳光"，气得直咳嗽，只好带着一支舰队回去救援，让米切尔留下继续对付小泽的舰队。哈尔西明明知道这时南下救援根本来不及，但还是很不情愿地这样做。这就给小泽留下了几艘军舰。这些舰只返航后没几天又被飞机炸沉在菲律宾的港口中。

栗田放弃了唾手可得攻击美运输船的大好机会，率舰驶离莱特湾不久就接连遭到飞机空袭，但他仍执着地在海面搜寻美航空母舰，忙了整整一个下午一无所获。燃料快要用完了，他不得不下令撤退。在返回后他得知真情，后悔地说不知道自己离胜利是这么近。战后美方坦率地承认："如果栗田舰队冲进莱特湾攻击，那可真不堪设想。"

日本联合舰队在这场海战中损失了约30万吨战舰，相当于日本海军全部兵力的四分之一。从此日本海军再也不能与美军进行什么海上决战了。日本丧失了制海权，连其本土周围的海域也无法控制。日本海相米内光政一针见血地说："我觉得这就是终结。"

海军战败意味着在菲律宾的陆上守军将难以得到外援。莱特岛上的日军撤离沿海平原，据守在纵贯全岛的山中。11 月 1 日上午，日军第一师团的一万多人冒着大雨分乘 4 艘大型运输舰，由 10 艘军舰护航从马尼拉开来，在太阳快要落下时抵达莱特岛。穿着肮脏军服的士兵在军官的吆喝声中爬上甲板，背着沉重的装备跳上小船向岸边划去。到天亮时大部分人已上岸休息，运输舰还在卸物资，这时美军的轰炸机出现了。落下一连串炸弹，没有防备能力的运输舰只能等着挨炸。舰上装载的卡车、马匹和大部分武器弹药都沉入海中，好在人员的损失不大。不久，带领援军登陆的日军指挥官惊讶地发现：岛上原来的守军第 16 师团兵员已所剩不多。新到的日军援军白天不时遭到美机轰炸扫射，一到夜里又遇到蚊虫的袭击。他们就这样匆匆忙忙赶到山岭上的阵地。

由于日军精锐增援部队的到达，美军第 24 师的进攻接连失败。在一个外号叫"断颈岭"的山崖上，美军连连受挫。美军第 10 军军长赛伯林少将非常生气，断然解除一个团长的职务，由他的情报官接替。第二天，美军在用大炮猛轰后出动几个营冒雨进攻，仍无法突破"断颈岭"防线。滂沱大雨给交战双方带来了无穷苦难，道路泥泞，战壕里灌满了水。日本兵顽强地固守着山头，顶住有着优势兵力的美军的进攻。这是一场残酷的消耗战，岛上美军的进攻兵力不断增加，达到 18 万人。

在马尼拉指挥作战的山下奉文一直认为：在莱特决战将十分不利，而把保卫吕宋所需的人力物力在莱特消耗掉，简直就是一种不

硫磺岛全景

负责任的行为。他一再向寺内要求中止莱特作战。寺内听不进他的意见，坚持"莱特决战应继续进行"，并又下令派出 1 万人的援军去莱特。不过寺内本人也知道菲律宾已很不安全，11 月中旬，他把南方军司令部迁到了西贡。

11 月 11 日，运送新的援军的运输舰队在 7 艘驱逐舰护航下驶近莱特湾，还没有进港口就遇到 200 架美航空母舰舰载机轰击。第一批飞机轰炸护航的驱逐舰，第二批飞机攻击运兵的运输舰，第三批飞机则用机枪扫射在水中挣扎的日本兵。舰上的 1 万名日本兵大部分都被打死或淹死，只有少数人游过血水染红的海面上了岸。这证明，不掌握制空权就无法再向莱特岛增援。

铃木仍充满信心地命令莱特岛上的日军反攻。这时，美军的坦克沿着盘山路开上来，步兵从各个方向包围上来。日军开始守不住阵地向后撤退，疲惫不堪的日本兵在夜晚行军时要靠看着前面人背上萤火虫的光亮才能勉强跟上队伍。接到反攻命令，后撤的士兵只得返回原来的阵地，等着被包围消灭。日军的伤亡已超过一半。麦克阿瑟派出一个师绕道，从海上包抄日军的后路，这次突击大获全胜。莱特岛日军的抵抗已处于崩溃的边缘。

山下又命令铃木集中残兵对美军机场发动最后的攻击，因为这些机场对从日本本土通往南方各地的运输线威胁太大。为破坏机场，日军还出动了白井恒春中佐指挥的 700 名伞兵，一队伞兵在一个简易机场降落，他们一面冲锋，一面用英语大叫让美军投降。机场上的美国兵猝不及防，目瞪口呆地看着从天而降的日本伞兵焚烧停在跑道上的飞机和汽油库、弹药库。另一队伞兵与岛上的日军会合，进攻一个大点的机场，被美军击退。白井亲自带领 500 名伞兵占领了一个机场，守了3天，终究由于寡不敌众退入山中。

山下见破坏机场有困难，下令再派两支护航舰队增援。一支舰队载有3000兵员，在接近莱特岛西海岸时遭到飞机空袭，3艘运输舰沉没，几百人淹死。另一支舰队护送两艘运输舰，一艘在美军控制区内停泊，登陆的日军成了美军大炮的靶子。另一艘幸运地给铃木送去了最后的援军和给养，但这样少的兵力改变不了败局。

12月22日，山下不想再在莱特岛耗费兵力，他给铃木打电报，要求铃木打一场持久的常规战，自筹给养，不用再执行以前的作战任务。铃木命令守军残部向深山中退却，沿途不断损兵折将。莱特岛上的枪声渐渐平息下来。后来，残余的日军大多乘小船逃到附近的宿务岛，这时精锐的第一师团只剩下700多人。麦克阿瑟宣布，除还有一些扫荡残敌的行动外，莱特战役已经结束。为保卫莱特岛日军共投入了7万人，只有5000人生还。对日本来说更严重的是，由于在这一战役中制海权丧失，油船被大量击沉，缺乏燃油的飞机军舰活动大受限制。运输船队和护航舰队不断遭到袭击，损失几达一半。运输船大量损失难以为继，军队作战要征用的船只即使东拼西凑也难以满足。

在日本国内，放弃莱特岛使小矶国昭首相处于一种尴尬的境地。早在11月8日他就公开表示，皇军必能取得莱特决战的胜利。他还在一次广播讲话中提出"莱特就是天王山"，把莱特之战比作1582年日本历史上有决定性意义的天王山之战。他觐见天皇时，天皇听说莱特被放弃的消息，问他："你把莱特比作天王山，现在怎么向国民解释？"小矶诚惶诚恐地说自己只能尽力挽回局势。此事后，民间广为流传一个讥讽小矶国昭的传闻，说天皇问他日本有几个天王山。

170

　　莱特战役快结束时，麦克阿瑟按计划把吕宋作为进攻目标。两个团的美军先在吕宋附近的民都洛岛登陆，当天就向岛内推进，守军没有抵抗就退入山中。山下不愿再派援军，只派了100名敢死队员上岛去破坏机场，没有取得什么战果。日本海军还派出8艘军舰，冒险从印度支那的金兰湾南下，冲进民都洛岛附近的美军舰船泊地，炮轰一阵后全速返航。

　　这时，对美军舰队打击最大的是海上刮来的一阵台风。事先没有台风警报，美舰毫无防备，3艘驱逐舰被刮翻沉没，800名水兵丧生。小山般的海浪摧毁了200架飞机，另有7艘军舰遭受严重损伤，仿佛打了一场大海战。

　　1945年1月8日，美军第6集团军在吕宋林加延海湾的海滩登陆，这里是3年多前本间雅晴指挥日军进攻菲律宾时所选择的登陆地点。这次美军在吕宋投入了28万兵力，动用了1000多艘舰船。驻菲律宾的日军第4航空战队采用特攻战术用飞机撞击美舰，几个飞行师团只留下几架联络飞机，除此外倾巢出动，撞沉美航空母舰1艘，其他舰只3艘。

　　眼看航空部队快没有飞机了，第4航空战队司令富永中将听说补充飞机已到了台湾，就不等上级批准，擅自把司令部迁到台湾。富永曾在日军陆军省任职，像这样高级军官不服从命令逃离战场的行为在日军历史上是很少见的。东京的大本营大为震惊，立即把他解职编入预备役以示惩罚。留在吕宋没有飞机的航空部队全部编入步兵作战。

　　面对潮水般涌来的美军，山下在海滩上不布置守卫，因而美军先头部队行动迅速地向纵深挺进。到第二天晚上，山下才动用一个师团反击。他的目的是迟滞美军的进攻，让日军有时间放弃吕宋中部平原和马尼拉湾地区，把人员和物资集中到吕宋北部山区坚守，打一场耗费时间的持久战。

10多天后，美军开始收复对麦克阿瑟来说有重要意义的巴丹半岛和科雷吉多尔岛，美军在战争初期曾在这里守卫了几个月。在科雷吉多尔岛上的5000日军决心战斗至死，分散在各处顽抗。他们往往在走投无路时炸毁坑道，与逼近的美军同归于尽。日军还动用了40艘特攻快艇，装满炸药后以最高速度猛撞美舰。科雷吉多尔岛被攻下后，除20人外守岛的日本兵全部战死。美军也付出了不小的代价。麦克阿瑟乘鱼雷快艇专程来到岛上，伤感地说："回来的路真长。"

山下本来准备撤出马尼拉，让它成为一座不设防城市。但海军的岩渊少将不服从陆军的命令，在陆军撤走后带了一万多人重新占领马尼拉。他下令破坏了市内的港口设施和海军仓库，又派兵据守城市。马尼拉的战斗打了将近一个月，双方打得都很艰苦，美军不得不用大炮把日军从一幢幢大楼中轰出来。困守孤城的日军几次想突破包围都未成功，被分割在城区各处，最后岩渊不得不自杀。在这场守城战中，日军不但破坏了城市建筑，还肆意地奸淫掳掠，无缘无故地杀死了10万菲律宾人。

占领马尼拉后，美军乘胜前进，相继攻占了巴拉望岛、棉兰老岛等岛屿。澳大利亚军队还攻下了婆罗洲。

山下奉文率领17万人带着弹药、给养撤往山区。日军分为三支：山下亲率12万人进入北吕宋山区；另一支约四万人进入马尼拉以东的山区；第三支约一万人集中在克拉克机场以西的山区。山下的战术是尽可能长时间地拖住美军。就这样，战事不断地拖延下去，一直到日本投降时菲律宾的扫荡战才结束。

解放菲律宾的代价是高昂的，美军伤亡62000人，其中14000人阵亡。而日军伤亡则达45万人，损失舰船68艘，飞机损失更大，约为7000架。

十一
燃烧的硫磺岛

按照美国参谋长联席会议原来制订的作战计划，在攻占菲律宾后就要进攻在日本统治下的台湾。后来根据美军战地指挥官的建议，参谋长联席会议改变了计划，决定美军下一个进攻的目标不是台湾，而是成年烟雾笼罩的硫磺岛。

硫磺岛位于日本东京东南方660海里处，是日本小笠原群岛的核心岛屿，形状呈三角形，北部宽，南部窄，像块猪排。岛上地形最明显的特征是南端有座死火山，耸立于海上，日本人称之为折钵山。全岛遍布硫黄矿，硫磺岛的名称也由此而来。岛上的硫黄水沸腾不息，一年到头都不停散发着呛人的硫黄蒸汽。岛上的海滩也不同于别处，不是由细细的沙子组成，而是些黑褐滑腻的火山灰，人踩上去脚会陷进去很深。折钵山和另一座山元山山上到处是茂密的森林。

硫磺岛正好处在塞班岛和日本本土的正中，马里亚纳群岛被美军占领后这里成为日军保卫本土的前哨。对美军飞机的行动，岛上的日军雷达站可向本土及早报警。从硫磺岛上3个机场起飞的战斗机也在接连不断地拦截美军轰炸机，使美军轰炸日本本土的效果不佳。日军轰炸机甚至还从岛上起飞去袭击塞班岛和提尼安岛上的美军机场。另外，在小笠原群岛中只有硫磺岛有条件修建机场，这就更显得其地位重要。美国空军对攻占硫磺岛最为积极，如果美军在岛上建立了机场，不用说远程轰炸机，就是一般的轰炸机也能飞到日本本土。受伤的 B－29 远程轰炸机还可以在岛上机场紧急着陆。总之，攻下这个岛屿的重要性是不言自明的。攻占硫磺岛的建议，最早由美国战略空军司令阿诺德上将提出，几天后斯普鲁恩斯也向尼米兹建议攻下硫磺岛和冲绳岛，从这两个前沿基地对日军进行空战和潜艇战，断绝日本与外界的联系，迫其投降。这些意见得到了采纳，就这样，美国参谋长联席会议向尼米兹发出命令，由他协调进攻硫磺岛。

尼米兹为了指挥方便，把太平洋舰队司令部从夏威夷暂时迁到关岛。他挑选斯普鲁恩斯负责在战地指挥整个战役，调动了 3 个师的海军陆战队作为登陆部队。担任主攻任务的两个师在夏威夷进行了模仿实战的艰苦登陆作战演习，各部队指挥官给士兵们反复看硫磺岛的泡沫乳胶模型，模型上标明了从空中拍摄到的日军的碉堡、战壕，以便有针对性地演练各种战术动作，不过这些模型上不能显示出硫磺岛上密如蛛网的地下工事。另一个师作为预备队在关岛待命。美军在太平洋战争中的一些老将如特纳、米切尔、史密斯都被调来指挥这次作战。英国在欧洲战场已不那么吃紧，于是派海军上将弗雷泽爵士率 4 艘航空母舰、2 艘战列舰、5 艘巡洋舰和 15 艘驱逐舰加入对日作战，也归斯普鲁恩斯指挥。斯普鲁恩斯指挥的整个舰队由近 900 艘舰船组成，其中还不包括各种登陆艇。这是当时美

硫磺岛之战

军用于一次战役所集结的最大的一支舰队。由于莱特战役一再拖延，进攻硫磺岛的日期也不得不多次推迟。

硫磺岛上的日军本来很少，1944 年初马绍尔群岛被美军攻下后，日军大本营开始重视硫磺岛的防务，先派 5000 名海军陆战队员驻守，后来调入陆军。到 6 月栗林忠道中将率第 109 师团到达岛上，担任指挥全岛陆海军部队的守备队司令。这以后硫磺岛不断遭到飞机轰炸，栗林知道战争之神不久就要降临他的防地。

栗林原是皇室卫队指挥官，是个职业军人。他从消息灵通的崛江少佐那里了解到日本海军联合舰队已差不多全军覆没，以后只能靠陆军逐岛抵抗才能拖延美军进攻的步伐。他想到在来硫磺岛就职前东条英机再三叮嘱他的话，"军部和国家就靠你去守卫这个重要的岛屿"，更感到自己责任重大。他清楚地知道，只要硫磺岛失守，美军的飞机就会日夜空袭东京。栗林上任后就在苦苦思考如何才能守住这个至关重要的岛。

不久他就下令疏散岛上的日本居民，然后运来大量的钢板、水泥，让士兵们在多孔的火山岩中修建地下防御工事。由于山中硫黄味浓，挖工事时有时要戴防毒面具，作业条件十分艰苦。栗林打定了主意，他要在纵深地区坚守，而不是陈兵于海滩上。几个月后，硫磺岛上已是洞穴星罗棋布，坑道纵横交错。各个火力设施交叉配合，设计十分周到。他属下的军官们很不理解他的防守战术，不愿意带着士兵成天挖洞。他们仍然认为联合舰队会在美军进攻时前来救援，纷纷要求重点防守海滩。栗林知道日本当时的处境，坚持自己的做法。他召集军官们来开会，严肃地宣布他的作战方法：没有命令不得射击敌登陆艇，也不得阻止敌军在海滩登陆。要等待敌军向纵深前进到一定距离时，再以设置在机场、折钵山和元山的大炮和其他火器一起开火，务必要给敌军最大的打击。最后他认真地说："要教导每个士兵都必须坚持抵抗到底，阵地就是自己的坟墓。每个士兵都要尽最大努力杀敌十人。"有几个不同意他这种作战方法的军官被撤职，然后打发到野战医院里去"休养"。

在美军攻打硫磺岛前的一段时间里，栗林不厌其烦地让两万多守军反复加固工事。在俯视海滩的山坡上挖了许多洞，洞口设计得很刁钻，正好可抵挡炮击和火焰喷射器的长火舌。岛上各地很厚墙壁的碉堡林立，外面还有一层层沙袋围住。海军的巨型海岸炮直接对准美军将用来登陆的那段不长的海滩。山中原有的许多天然洞穴已被改造成工事。有一座山头整个被掏空，建成了一个共有 9 层的巨大地下建筑，里面水电齐全。在洞穴之间有坑道相连。洞穴本身也改建得很巧妙，每个洞穴有好几个出入口，上面还有通风口，以便让这个岛特有的硫黄蒸汽逸出。洞口被精心伪装，天然地形与野生植物相配合，使之难以被发现。

栗林布置了两道防线。第一道防线沿着两个机场之间的高地建立，由设在掩体中的大炮阵地和机枪阵地组成，有些地方甚至干脆把坦克埋在土中，作为一座钢堡。第二道防线以元山、二号机场为支撑点，有迷宫一般的复杂地下工事。光是设在元山的一个大型地下工事就深好几十米，可容纳 2000 人。岛上共配备了 800 门大炮。

1945 年年初，莱特战役已结束，硫磺岛开始成为美军频频光顾的对象。有几个星期，美军轰炸机每天从马里亚纳群岛的机场起飞来轰炸硫磺岛。军舰也常常向岛上开炮，累计发射了 3 万多发炮弹，仿佛折钵山的火山又复苏喷发了一般。但早有准备的栗林命令部队在炮击和轰炸时全部转入地下工事隐蔽，因而很少有人伤亡。

美军的航空母舰开始逼近日本本土附近，对东京周围地区发动大规模空袭，以削弱和牵制日本本土对硫磺岛的空中支援。从16艘航空母舰上起飞的1200架美机共击落、击毁了近500架日机。

2月16日，在硫磺岛附近的海面上出现了6艘战列舰、5艘巡洋舰，还有一些驱逐舰。这些军舰开始侦察性的炮击，想引日军还击以探明其火力配备情况。栗林下令不还击，就好像这是一个无人的岛屿一样。美军猜不透岛上日军到底要干什么。

第二天，美舰仍是有节奏地炮击。重巡洋舰"潘萨科拉"号见日军一直没有动静，就大胆地靠近海岸。这个目标对日军的诱惑太大，一门大炮未经批准开了炮，6发炮弹命中，这艘军舰冒着黑烟退出战斗。后来一队潜水员乘炮艇去检查水中有没有障碍物。栗林看到几十艘炮艇对着他高速开来，以为美军已开始登陆，下令几个炮台向炮艇射击，引起折钵山上一些大炮跟着齐射。这些炮火打得很准，12艘炮艇中弹，其他的炮艇掉头而去。栗林把美军的这次侦察行动错当成登陆，暴露了一些炮阵地的位置。他立即把挫败美军第一次进攻的消息电告东京。

美军把总攻时间定在2月19日。在这天天亮时，海军陆战队员们已吃完了早餐的牛排，纷纷走上甲板，默默地观看舰炮射击。十几艘军舰正在进行部队登陆前的炮击，还有众多炮艇用火箭和迫击炮无目的地轰击已被炸得光秃秃的山坡。炮击刚停，120架飞机像挨着犁地一样进行密集轰炸。没几分钟这些飞机扔完炸弹远走高飞而去。接着又是没完没了的炮击。经过几个小时的狂轰滥炸，整座岛烟雾弥漫，火光冲天。美军根据以前的多次实战经验，在岛屿攻坚战中总是一次比一次增大火力攻击。躲在碉堡和山洞中的日本兵根据命令并不还击。他们用手指捂紧耳朵，忍受炮弹爆炸的冲击。栗林给他们的命令很明确：每人要以杀敌十名为目标，以游击战术骚扰坚持直至最后一个人。

在炮击之后，绰号"短吻鳄"的特纳将军下达了登陆命令。装载海军陆战队员的400艘登陆艇渐渐驶近，放下笨重的斜板，一辆辆水陆两栖牵引车跃入海中，掠过水面朝硫磺岛开去。每辆牵引车上搭载20人。牵引车爬上海滩后就陷入松软的火山灰中艰难地向前行进，背着沉重装备的士兵干脆就跳下去在黑灰中深一脚浅一脚地走着。他们没有遇到日军火力的阻击，以为是刚才猛烈的火力攻击奏效了。有人乐观地估计用4天时间就能结束战斗。但当他们再向前走一段进入栗林规定的打击范围后，情况骤变，藏在碉堡和山洞中的机枪开始射击，从更远些距离飞来的炮弹一排排掠过空中在牵引车周围爆炸。日军各种口径的炮按事先量好的距离准确地打击目标。折钵山斜坡上的炮火闪闪发光，好像一棵棵圣诞树。滩头顿成一片火海。海军陆战队队员们就像一群受惊的野马，立刻跌跌撞撞地四散奔逃，跑得慢的人不少已倒在血泊中。

上午9点多钟，坦克开始上岸，在松软的火山灰中开得很慢。隐藏得很巧妙的反坦克炮一辆接着一辆击毁这些缓缓行驶的坦克。日军反坦克炮大队的小队长中村少尉亲自操炮射击，一人竟击毁坦克20多辆。没有坦克的掩护，步兵陷入交叉火力网中，只好用炸药包和火焰喷射器对付日军的碉堡，伤亡很大。海滩上到处是被击毁的水陆牵引车，它们成了美军最好的掩体。

对这场战斗早已深思熟虑的栗林下令各火力点要有节奏地交替

射击，许多炮台暂时要隐蔽不开火，尽量做到弹无虚发，一发也不能浪费，要做长时间作战的准备。栗林在发给东京的电报中报告了战况，还要求越级追认战死的中村少尉为大尉。

到黄昏时，登陆的美海军陆战队已有 3 万人，都挤在一个不长的滩头阵地上，就地构筑工事。这时已有 2000 人死伤。美军预料日军在夜里会发动反击，就不断打照明弹，照得好像白天一样。但栗林与别的日军指挥官不同，他不想在夜间发动毫无效果的自杀式进攻，只是命令炮手通宵开炮以骚扰美军。整整一夜，美军堆集的弹药被炮火接二连三地击中，其准确性令人吃惊。后来有人发现海滩上一艘搁浅的日本运输船中有轻轻的嘀嘀嗒嗒声。他们悄悄走近弃船，看到里面有个日本兵背着发报机在紧张地发报。打死这个日本兵后日军的炮火才不那么准确。岛上的日军海军部队还把炸弹改装成火箭，放在木架上发射。这种土火箭通电发射后划破夜空呈弧线飞落到挤在一起的美军中，引起了一阵阵混乱。有个美国兵回忆，"在硫磺岛上度过的第一个夜晚只能称为一场地狱中的噩梦"，天亮时海滩上满是尸体。

登陆后的第二天上午，舰炮轰击重新开始，舰载机大批出动，海空联合轰炸，凶猛异常。因为日军的不少阵地已经暴露，这次狂轰滥炸的打击效果较为明显。栗林开始抱怨大本营不提供空中支援，他电告东京："舰炮和飞机的轰击使我们处境困难，否则我无惧于 3 个陆战师的攻击。"在炮火掩护下，美海军陆战队员从滩头向折钵山进攻，前进得很慢，沿途要不停地炸开日军固守的用石块和钢筋水泥修成的防御工事。

2 月 21 日太阳西沉时，日军从空中反击。3 架从日本本土飞来的神风攻击队飞机冲过美战斗机组成的拦截线，飞到停泊在海上的航空母舰"萨拉托加"号上空。两架飞机已经受伤起火，但仍挣扎着连人带机掠过海面，重重地撞上这艘航空母舰。其余 3 架跟着撞上后爆炸。舰上燃起了大火。不一会空中又出现了 5 架日本飞机，4架被击落，最后一架投下炸弹，命中这艘多灾多难的航母。身负重伤的"萨拉托加"号不得不返回美国大修，修了 3 个多月。另有一架神风飞机撞中了护卫航空母舰"俾斯麦海"号，在燃烧了一阵后，这艘小型航母沉入海底。

以后几天中，进攻的海军陆战队以优势兵力把折钵山围得水泄不通，用火焰喷射器把日军阵地烧得一片通红。折钵山的守军战地指挥官厚地大佐向栗林报告："目前敌人正用火焰喷射器焚烧我军。如我们再坚守阵地，必将被敌全部烧死，我们想冲出去作最后的反击。"栗林禁止厚地发动自杀攻击，他要部下尽可能地拖延时间。

2 月 23 日，海军陆战队对折钵山发动了总攻。守军的弹药快用完了，就把岩石滚下陡峭的山坡。不畏艰苦的陆战队员口里叼着匕首，爬进山洞，与残余的日军肉搏。上午 10 点多钟，40 名美国兵爬上火山口，在山顶架起铁管，竖起了一面美国国旗。有两个日本人，一个手握指挥刀，一个高举手榴弹，暴跳如雷地从洞中跳出来要砍倒旗子，被当场打死。几小时后美联社记者罗森塔拍了一张升旗的照片，这张照片后来为全世界所熟悉。折钵山被攻下后日军的第一道防线崩溃。

栗林指挥守卫部队坚守早已布置好的第二道防线。位于硫磺岛中部的二号机场戒备森严，有上百个碉堡，几天来顶住了多次进攻。美军的后备师被调来投入进攻。扬起的火山灰塞住了枪机，枪不好用，大家就用枪托、铁镐、手榴弹近战肉搏。战斗极为惨烈，双方伤亡都很大。美军一个主攻连在几分钟内就有 4 名军官阵亡。就这样，硬是用血肉之躯攻进了二号机场。栗林向大本营报告，前线部队伤亡已过一半，大部分机枪和大炮不能使用。日军退守以元山为中心的山地。

在山地作战中，日军的战术相当成功。他们一般是让美军进入高地，然后用两侧火力封锁道路，再用猛烈的炮火和反冲锋将高地上的美军消灭。美军采用的战术很死板，总是先用炮火攻击，再发动步兵冲锋。有经验的日本兵先在山洞中躲过炮火，炮火过后再打进攻的步兵。就这样，硫磺岛成了一台"绞肉机"。绰号"咆哮的疯子"的海军陆战队指挥官史密斯久经战阵，这次也眼含热泪感慨万分，他认为"这是我遇到的迄今为止最艰苦的一仗"。在激战中，先后有几个美国兵为掩护战友扑在要爆炸的手榴弹上。尼米兹后来深有感触地说："在参与硫磺岛战役的美国人中，罕见的勇敢成为常见的美德。"

美军伤亡人数远远超过以往的战斗，仅第 4 师每天就要伤亡 800 人左右。在这个师的作战日志上有这样的记载："军官们把士兵送上前线需要极大的勇气，许多人死了。向前爬也需要勇气，一天爬上几十米。第二天早晨起来数一数少了多少人，再向前爬。这是唯一有效的办法。"这种情况引起华盛顿军方的注意。马歇尔告诉尼米兹可以使用毒气，美国储存了大量毒气。尼米兹想来想去，决定还是不用，"美国不能首先违反《日内瓦公约》"。

时间一天天过去，日军被缓慢地一点点消灭。为对付日本人的洞穴阵地，美国兵想了很多办法。用推土机堵死洞口，在洞里灌满海水，水面上倒进一层煤油，点起火烧。到第 10 天时，日军的第二道防线才被突破，日军阵地被分割成一个个孤立的小块。栗林部下的抵抗远比美国人想象的要顽强得多，一些日本兵为对付坦克，把炸药绑在身上藏在坦克要经过的路边，自愿成为活的饵雷。

事实证明栗林让部下深藏在洞中持久抵抗是明智之举。3 月 8 日，岛上的海军部队不听从命令，发动了一次进攻。结果 1000 多人白白送了命，仅被迫击炮弹炸死的就不下 800 人。陆军部队的千田少将也不愿在满是刺鼻硫黄味的山洞中再待下去。他带着一批人下山，每人手握两颗手榴弹，脑袋裹上涂有太阳旗标志的白布条，向美军阵地冲锋。这一攻势毫无效果，进攻者人人战死。剩下的日军心悦诚服地贯彻栗林的洞穴战术，尽量多杀几个美国兵。

到 3 月 17 日，日军已被压缩在两个狭小的地域，躲在深深的山洞中。为了劝栗林投降，美军给他写了一封信。信中按欧洲传统的骑士风度对他杰出的指挥才能表示尊敬，劝告他作为一个军人已经为国家出了力，现在放下武器并不蒙受耻辱。栗林对劝降信根本就不理睬，他在洞中下令焚烧军旗，然后向东京发出告别电报："战局已到最后关头。目前已弹尽水涸，全体尚存官兵将参加总攻。我真诚希望纵化为鬼魂，亦誓率皇军卷土重来。"

日军已到穷途末路。岛上的海军司令市丸将军在山洞中烧掉密码。他还忽发奇想给罗斯福总统写了一封信，指责美国发动了这场战争，不能把责任推在日本身上。这封信用日文、英文两种文字写成，后来英文本被美军缴获，成为美国海军学院博物馆的陈列品。

3 月 18 日零点，是日军预定发动最后总攻的时刻。市丸带着 60 个人离开山洞，把上百名伤员留在洞中。他们刚走出山洞，就遭到美军大炮、机枪的射击又退了回来。栗林带着 500 人离开山洞，这些大多是司令部机关人员，许多人没有武器。栗林不准备带着他们去冲锋，只是要撤到北面安全一些的山洞中去。

被打败的日军很分散，难以集合，直到 3 月 26 日深夜才有 300 多人发起了一次冲锋，其中还有 40 名手持砍刀的敢死队员。他们从峡谷中光着上身爬出来，一路见什么砍什么，就像一群疯子。这种不要命的模样把美军吓了一跳。经过一阵殊死的白刃战，大部分日本兵被杀，少数剩下的四散逃走。

在山洞中困守的栗林最后一次向东京报告，已经 5 天没吃没喝。作为对他苦战的回报，天皇批准提升他为大将。日本报纸连篇累牍地赞扬他的功绩。3 月 27 日，栗林带着一个参谋走出山洞自杀。

整个战斗总算结束。美军原计划用 4 天时间拿下硫磺岛，结果却打了整整 36 天的硬仗。硫磺岛战役使美军有 6800 多人丧生，25000 人受伤。这样大的伤亡在美军战史上是少见的。尼米兹收到不少美军士兵母亲的来信，责备他明知是叫她们的儿子去送死，却仍要派他们去作战。有些报纸也推波助澜，发表文章称赞麦克阿瑟的指挥才能，说麦克阿瑟不会像有些司令官那样损兵折将。尼米兹看到这些东西，知道是在指责他，心中泛起一阵阵苦味。

在这场战役中，21000 名日军守军只有 3000 多人活了下来，除 1000 多人被俘外，其他活着的在山洞中忍受着无穷无尽的苦难，有人一直坚持到 1951 年才放下武器，重新进入社会过上正常的生活。

十二

"樱花" 纷落的冲绳

　　这里所说的"樱花"并不是指作为日本国花的樱花，而是日军在不久以后开始的冲绳岛战役中使用的一种新式武器"樱花弹"。这种武器实际是一种用 3 支火箭推动的单程滑翔机，看起来像装了飞翅的鱼雷，由人操纵驾驶，带着炸药高速向军舰俯冲。美国兵给这种自杀武器起了个绰号叫"八格弹"（意为蠢弹）。这种"樱花弹"在冲绳岛海面的美国舰队中纷纷落下时，曾在美军官兵中一度引起恐慌。日本这样做足可见其为挽回败局已不择手段。

　　硫磺岛战役后，美军的下一个进军目标是冲绳。冲绳是琉球群岛中最大的一个岛，呈窄长形，面积 1256 平方公里，是理想的海军基地。联合舰队有几次出击就是从岛上的军港起航的。该岛位于日本本土与台湾之间，离日本九州岛不远，素有"日本国门"之称，战略地位十分重要。美军一旦占领冲绳，便可借此直接进攻日本本土。

　　1944 年 10 月，美军将领在珍珠港就夺取冲绳举行了一系列会议，第二年 1 月制订了冲绳岛战役的作战计划。在尼米兹的领导下，

美国人吉布尼画其目睹日军飞机撞军舰的瞬间

战地总指挥仍由斯普鲁恩斯担任，米切尔指挥航空母舰编队，特纳任联合远征军司令。巴克纳中将指挥冲绳岛的地面作战。巴克纳出身于军人世家，性情剽悍刚勇，意志坚强。他为锻炼自己的忍耐力，在寒冷的冬天也常常只盖一条被单。

冲绳岛战役规模宏大，美军将出动地面部队29万人，航空母舰34艘（舰载机有2108架）、战列舰22艘和其他作战舰只320艘，参战舰船总数达1400多艘。后勤运输中有10万吨弹药、120万吨燃料，还有各类军需物资。英国的太平洋舰队也将参加这次战役。这次战役的代号为"冰山战役"。

冲绳作战计划制订后，美军将领心事重重。东京的广播电台反复警告，美军越接近日本本土，就越会遭到顽强的抵抗。日军肯定会大量使用自杀飞机。参加过菲律宾战役的美军知道这种特攻战术的厉害。

这时，日军大本营已判断美军将用重兵进攻冲绳，也在积极准备。1945年1月大本营颁布的《陆海军作战纲要》中就确定冲绳是应当加强的战略要地。3月20日，大本营又在训令中指出，冲绳是"为了防守日本本土而进行决战的焦点"。同时海军省发布命令，规定"以冲绳航空作战为当前作战的重点"，"应彻底地集中航空兵力，消灭前来进攻之美军主力。在此期间，极力加强本土防卫"。这一作战代号为"天号作战"。为了协同作战，陆海军有关"天号作战"的航空部队统归联合舰队指挥。

日军驻守冲绳的部队原来不足600人，1944年中期开始陆续调进，主力是牛岛满中将的第32军。岛上日军正规军有8万人，还有2万当地人组成的地方部队。负责冲绳防卫的牛岛把海军和后方部队都改编为步兵。他估计美军将在冲绳南部宽广的渡具知海滩登陆，因此把兵力集中在南部。日军以南部的陡峭山冈和狭窄山谷作为阵地，到处修筑炮位、地堡，利用天然洞穴，以壕沟和坑道连接。而在北部，牛岛仅象征性地派了3000多人防守。北部地势平坦开阔，难以抵挡飞机坦克的进攻。牛岛调集了很多大炮安放在南部山中。冲绳首府首里的古老城堡四周工事坚固，布有重兵，成了防御的核心地带。对地面作战，"天号作战"的命令中明确规定："应于海上歼灭进攻冲绳的大部分美军，冲绳本岛地面防卫军则阻止残余敌军获得基地，以使'天号作战'易于执行。"

日军大本营决心在冲绳战役中破釜沉舟，背水一战，除计划用自杀飞机进行特攻作战外，还准备用以"大和"号战列舰为首的日本残存舰队、自杀快艇、人操鱼雷以及"樱花弹"实施决死攻击。

在登陆前，米切尔指挥航空母舰编队先对日本本土展开大规模的压制性空中轰炸。3月18日，一支庞大舰队开到日本近海，出动了1400多架舰载机猛烈袭击了日本本土的海空军基地。面对铺天盖地而来的大群美机，只有日本海军第5航空战队司令宇垣缠中将出动193架飞机迎战，其中有69架自杀飞机。日机重伤了美航空母舰"富兰克林"号，死了800名水兵，但日军自己也有160架飞机被击落。但一向夸大战果的日机飞行员却称已击沉美航空母舰5艘。美舰队的频繁空袭，重创日本舰只20多艘，击落击毁日机500多架，沉重打击了日军的航空兵力，大大减轻了美军登陆冲绳时的空中威胁，致使日本的"天号作战"在冲绳战役打响后迟迟无法实施。

3月26日，正当日军忙着调集飞机转场去九州，匆匆拼凑反扑力量时，美军开始进攻庆良间群岛。庆良间群岛位于冲绳南部的那霸以西 15 海里，由 10 个岛屿组成。美国陆军一个步兵师同时在各个岛上登陆。这一登陆行动大出日军意料之外，驻守在各个岛上的几百名日本兵纷纷逃入洞穴和地下工事中。美军的登陆很顺利，到 28 日黄昏将庆良间群岛中的主要 8 个岛占领了，粉碎了日军的抵抗。美军伤亡人数只有 31 人，日军 530 人几乎被全部消灭。

庆良间是日军自杀快艇的基地。美军在岛上仔细搜索，果然在伪装的棚子和山洞中发现了 250 多艘被日本人称为"震洋艇"的自杀快艇。这种艇长 6 米，装载两个 250 磅的深水炸弹，由一人操纵。使用时往往利用黑夜的掩护，以高速冲向美军军舰，进行自杀性攻击，在相撞时爆炸。美国海军在庆良间建立了庞大的停船锚地，修建了浮桥码头，以供参加冲绳岛战役的美军舰船补给、休整。

4 月 1 日黎明，到了预定的美军登陆时间。这时海风轻拂水面，白云遮盖天空。1300 多艘美军舰船开始出现在冲绳附近的海面上。6 时 20 分，美舰炮惊天动地的轰击声，撕碎了静静的晨空。巨炮喷出红红的火舌，与湛蓝的大海交相辉映。一小时后战舰的炮击停息，空中又传来震耳欲聋的轰鸣声，一群群美机蜂拥而至，对登陆滩头反复扫射轰炸并发射火箭弹。舰炮与飞机交替轰击，冲绳岛上浓烟滚滚，火光冲天。

8 时整，美国海军陆战队的先头部队分为几个方阵，士兵们头戴钢盔浩浩荡荡地向渡具知以南宽广的海滩压上去。在战斗前海军已派出潜水员在炮火掩护下去清除障碍物。这些障碍物是水雷和带有倒刺的铁丝。潜水员用炸药把这些东西一点点炸掉，为登陆部队打开通道。

登陆出乎意料地顺利，日军基本上没有抵抗，死伤只有 28 人。

美军对这种情况很感意外，他们本来以为登陆时的伤亡会比硫磺岛上的伤亡还要大。想不到登陆这么容易，就像和平时期的一次演习。甚至有些美国兵还联想到 4 月 1 日是西方的愚人节，不知道日军在开什么玩笑。两小时后传来机场落入美军之手的消息。那天美军分头向南北纵深推进，一路上未遇到阻击。海军陆战队的布朗中校写了个纸条给师部军需官，打趣地说："上校，请给我们一具日本兵尸体，我的部下许多人还没有见过日本人，我们会把他埋掉的。"下午特纳向斯普鲁恩斯报告："各滩头的登陆在继续进行，正向纵深顺利推进，抵抗轻微。约有 5 万部队已经登陆。"

连续几天都不见牛岛手下日军的动静，大家都不知道牛岛的葫芦里卖的是什么药。原来牛岛的战术是让美军全部人马登陆，然后把他们"诱到得不到海军舰炮和飞机轰炸支援的地方"，日军再猛然行动起来，尽可能多地消灭美军。牛岛不赞成与占有优势的美军硬拼，他提出"要以数学的精确性来策划战斗方法"。

在日本国内，小矶国昭首相对冲绳一战寄予很大的希望。他在日本国会开会时宣布："皇军要竭尽全力把美军从冲绳赶出去，然后再收复塞班岛和其他失地。"可是没有几天，冲绳的战事没有转机，小矶内阁却垮台了，他在苏联拒绝延续日苏中立条约后辞职。4 月 7 日，78 岁高龄的铃木贯太郎大将出任新首相，他的身体状况不佳，1936 年曾遭人枪击，一颗子弹至今还留在心脏附近，耳朵也听不清楚。从其本意而言，他是不愿担任这一吃力不讨好的差事的，但皇室的内大臣木户侯爵劝他在这艰难的时刻担负起拯救国家的重任，铃木这才勉强同意就职。他心里明白，天皇是想让他收拾日本节节败退而造成的残局。

陆上作战比较消极，大本营很不满意，一再催促牛岛发动反攻。牛岛出于无奈开始调动部队准备发动反攻，但这时美军一支舰队突然出现在日军侧背方向。牛岛担心美军从他的防线后面登陆，又临时取消了反攻的计划。大本营只能致力于用航空兵力从空中攻击美军庞大的舰队。

从 4 月 6 日开始，日军全面展开了"天号作战"，接着，在冲绳海域爆发了一场飞机与水面舰艇间的生死搏斗。这是日本人蓄谋已久的"菊水特攻"。"水上菊花"是日本 14 世纪著名武士楠木正成的徽章图案，楠木此人以勇敢善战、敢于与敌同归于尽而闻名。日军借用其名，表现决心拼命的精神，将冲绳之战航空兵的敢死攻击命名为"菊水特攻"，准备用大量自杀飞机"一机屠一舰"，先摧毁美军舰船，然后再由守岛日军大举反攻，将美军赶出冲绳。

4 月 6 日晚，日军开始了计划中 10 次"菊水特攻"中的第一次。作雷达哨用的美驱逐舰"布希"号和"科尔杭"号首先遭难。一架自杀飞机低空飞来，一头撞在"布希"号两个烟囱之间的甲板上，飞机上的炸弹在前轮机舱爆炸，炸死了不少人。"布希"号浓烟滚滚，瘫痪在海面上。"科尔杭"号被日机死死缠住，在躲过前三架日机的连续攻击后，终于被第四架已起火的日机撞中主甲板，炮手被撞成肉酱。炸弹在后锅炉舱爆炸，炸死了舱内的所有人。接着又有 3 架日机飞向"科尔杭"号，头两架被击毁，第三架撞中前锅炉舱，发生剧烈爆炸，炸断了龙骨。紧接着又有一架飞机撞到炮塔上再弹入水中爆炸，把船舷炸开一个大洞，海水顿时涌入。

日军的自杀飞机速度很快，美军战斗机往往来不及拦截，这种特攻战术因此威胁颇大。这时，一架企图撞击"科尔杭"号的自杀飞机，阴错阳差地竟撞中了"布希"号，几乎把该舰撞成两截。另一架自杀飞机撞在"布希"号左舷，引起大火，烧死了军官舱内的所有伤员，并引爆了弹药库。历经劫难、浑身是伤的"布希"号终于沉没，100多人丧生。"科尔杭"号也奄奄一息，舰身严重倾斜。舰长眼看在劫难逃，干脆让别的舰把自己的舰击沉。

不久，灾难又降临到驱逐舰"纽康姆"号头上。一架自杀飞机呼啸着撞中了它的后烟囱，舰身在爆炸声中剧烈抖动。第二架飞机被炮火击中，在空中爆炸。第三架装有一个大炸弹，撞入舰腹部爆炸，卷起大股黑烟。第四架撞在前烟囱上，炸坏了整个舰腹部，燃起烈焰，火苗高达上百米。

与此同时，庆良间锚地也遭到自杀飞机攻击。1艘护航航空母舰和3艘万吨军火船被击中，2艘军火船在剧烈爆炸后在海面漂了一天，最后用美军自己的舰炮将其击沉。

在历时两天的特攻作战中，冲绳岛海空舰船残骸纷扬，血肉横飞，几十艘美舰惨遭撞击。当然在海空激战中，大批日机也一去不返，粉身碎骨。据日方统计，这一大规模的特攻作战，共出动355架自杀飞机（全部损失）和344架普通战斗机、轰炸机。美方宣称自己损失1艘坦克登陆舰、2艘军火船、3艘驱逐舰，此外还有10多艘舰船遭重创。而日方则根据自己飞行员的报告宣称击沉美军舰船64艘，重创61艘，又一次陶醉在自己制造的"胜利"之中。

日本自杀飞机的攻势规模宏大，来势凶猛，破坏严重，使参战的美军深感惊恐。面对抱着必死决心的日军飞行员，眼看着一架架飞机撞来，美国军舰上的水兵神经紧张得受不了。甚至连意志坚强的斯普鲁恩斯也心有余悸地向尼米兹报告："如果日方继续进行自杀攻击，将会出现极为严重的情况。"

就在日军自杀飞机疯狂进攻时，另一出引人注目的"自杀舰队"覆灭的悲剧也上演了。这是一次世界海战史上空前绝后的特攻战，一次有去无回的自杀性攻击。"大和"号巨舰上的油料只能保证航行到冲绳。舰队没有空中掩护，要冒着空袭开到冲绳尽量击沉附近海域的美国护航运输队和航空母舰编队。如果舰只遭到攻击，受伤后就在海滩上搁浅，2000名水兵将上岸作为陆军与美军士兵拼个死活。

针对这一很少有成功希望的作战，日本特攻舰队的官兵们议论纷纷。舰队司令伊藤整一中将接到联合舰队司令丰田的命令，要求特攻舰队"光荣地战斗到死，全部消灭敌舰队"。伊藤对部下宣布："执行命令吧！皇国兴废，在此一举。全体官兵，务须努力。"这是日本海军传统的作战动员口号。

这支由残存的日本海军组成的特攻舰队拥有7万吨的巨型战列舰"大和"号、重巡洋舰"矢矧"号以及8艘驱逐舰。这是日本联合舰队最后一支海军战舰编队。

4月6日下午，特攻舰队自濑户内海的德山港起航，踏上一去不复返的航程。这时阳光穿透云雾，天气晴朗。而这支舰队却一派紧张肃穆的气氛。整个舰队由"矢矧"号开路，后面跟着4艘驱逐舰，然后是舰队的核心"大和"号，再由4艘驱逐舰断后。舰上多余的给养已被卸掉，人员也尽量精简。

当晚，在丰后水道巡逻的美国潜艇"线鳍鱼"号发现了这支冒死前进的特攻舰队，立即发回电报。米切尔获得情报后，迅速命令属下的4支航空母舰特混大队驶入冲绳东北一个适当的飞机起飞阵地，所有的舰载机都做好了准备。4月7日天一亮，美侦察机就发现

194

了日军的特混舰队。上午9时，米切尔派出16架战斗机对日舰队进行跟踪监视。斯普鲁恩斯本来准备用他直接指挥的战舰打沉日舰，但米切尔更想用航空母舰舰载机对付日舰。10时，两个特混大队的280架飞机先后腾空而起，向日舰队扑去。

"敌机100架以上，向我逼近！"两个多小时后，"大和"号上的雷达发现了美机编队，观察哨惊呼起来。"大和"号舰长有贺幸一立即下令开火。舰上24门高射炮、113门自动炮一齐开火，其他日舰也跟着对空中开炮。

美机投下的炸弹和鱼雷凌空而下，逼得舰体庞大的"大和"号扭来扭去。舰队外层的"滨风"号驱逐舰在弹雨中首先中弹起火，转眼工夫舰尾就向上翘了起来。很快，"大和"号左舷被一枚鱼雷击中，同时两颗炸弹又命中右舷尾部。爆炸声震天动地，惨象横生。后来舰上的一个水兵回忆当时的情景说："我奉命前往舰后部雷达室察看被炸的情形。在弥漫的白烟中只见雷达室坚固的装甲被炸成两截。上半部不见一个活人，里面血肉模糊，几具尸体残缺支离，惨不忍睹。"

下午1点多钟，110架美机发起第二次空袭。"大和"号目标大，行动困难，难以躲避。美机投下的炸弹像雨点一样，"大和"号烟囱被数弹击中，舰上官兵被炸得血肉横飞。"把少佐以上的军官全部杀掉，要救海军只有这一条路。"混乱中，不愿送死的日本兵咬牙切齿地在骂。正在这时，又有3枚鱼雷击中"大和"号左舷，海水大量涌入，舰体左倾。

第二次攻击硝烟未散，第三次攻击又接踵而至。只见一群群飞机从四面八方涌来。刹那间"大和"号左舷又中了3枚鱼雷，舰身继续倾斜。于是马上采用了向右舷轮机舱和锅炉舱灌水的办法来平衡舰身。不料海水来势凶猛，在一瞬间便淹死了正在奋力抢救的数百人。几乎与此同时，又有 3 颗炸弹直接命中"大和"号，霎时如雷电并作，发出巨响。在冲天的烟火中，人、甲板、炮塔被炸得面目全非，混沌一片。甲板上的人伤亡惨重，炮弹掀起高大的水柱，浇得水兵全身湿透，狼狈不堪。不久，进行第四次攻击的 150 架美机又飞来，对"大和"号左舷和后樯以及后甲板又追加了几枚鱼雷和炸弹，舰体倾斜得更加厉害。

当第五次轰炸又从天而降时，"矢矧"号巡洋舰已被击中 7 枚鱼雷和 12 颗炸弹，它挣扎了几下，便凄惨惨地沉入海底。"矶风"号驱逐舰喷吐着长长的黑烟动弹不得。"霞"号发出"出现故障"的信号。

此时，"大和"号上一派惨状，甲板碎裂，炮塔毁坏，尸体枕藉，血流满舰。但米切尔并不罢休，又发动了几次空袭。只见炸弹、火箭弹铺天盖地而来，劈头盖脸地猛打。"大和"号急剧倾斜，速度已开得很慢。有贺舰长还在那里声嘶力竭地叫喊："顶住！"

至此"大和"号已被击中 10 枚鱼雷、5 颗重磅炸弹和数不清的中小炸弹。看来"大和"号的气数已尽，惨败即在眼前。悲愤交集的伊藤带着未能如愿的遗憾与参谋们一一握手，然后走进司令室内开枪自杀。"大和"号舰长有贺发出最后的命令："全体撤离，准备弃舰。"

下午 2 点 20 分，"大和"号倾斜得几乎成垂直状态，舰上的巨型炮弹纷纷滑出，碰撞着弹药舱，又引起一阵阵爆炸。渐渐地舰桥被淹没了，海面上顿时形成一个很深的漩涡。这艘巨舰刚沉没，主炮弹药库爆炸，舰上1000多颗炮弹大部分都没打掉，被引爆后发出倒海翻江一样的巨响，充斥着水汽的烟柱高达千米。又过了一会，"大和"号上再发生第二次骇人的大爆炸，炽热的铁片冲天而起，滚烫的气浪使跳入海中逃生的水兵感到一阵阵难受。一具具尸体落入水中。有贺决心与"大和"号共存亡，已随舰下沉。

幸存的几艘驱逐舰还准备再向冲绳进发，将这次自杀攻击进行到底。新的舰队指挥官吉田正义大佐命令先救起落水者，但只救在战斗中有用的人，不用救伤员。在水里挣扎的人忍受着美机的低空扫射，还要冒被自己人抛弃的危险。这时联合舰队来电取消了这几艘驱逐舰继续出击冲绳的任务。

"大和"号的覆灭和美军在冲绳岛上进攻出乎意外的顺利，使美军有"常胜将军"之称的特纳飘飘然起来。4月8日，他在发给尼米兹的电文中说："我可能是疯了，但看来日军已经停止作战，至少在这一地区是如此。"老谋深算的尼米兹却不以为然，他发出回电，"删去'疯了'后面的那些话"。尼米兹从密码专家破译的日军电报中知道日军下一步的行动，果然，不久战况顿生波折。在陆上，美军向冲绳南部的进军遭到牛岛部下极为顽强的抵抗；在海上，日军发动了更大规模的自杀攻击。

4月9日，相信第一次"菊水特攻"已取得重大战果的联合舰队向各航空部队发布命令，继续发动进攻，全歼美国舰队。从11日下午开始，日军出动了392架飞机（其中自杀飞机202架），发动了第二次"菊水特攻"。首先遭难的是米切尔的航空母舰特混编队。先是一架自杀飞机掠过"企业"号航空母舰左后方的舰舷，撞在高炮护板上，发生了大爆炸。一小时后，又有一架自杀飞机撞中"企业"

号舰首下部，这艘航空母舰被撞成重伤。有一架被击中的自杀飞机拖着长长的黑烟，撞中了"基德"号航空母舰前锅炉舱，炸弹在左舷爆炸。在这次特攻中日军使用了"樱花弹"。这种飞弹一旦对准目标飞去，由于速度快，体积小，几乎无法将其击落。第二天下午，一枚"樱花弹"像陨石一样高速直扑"埃伯尔"号驱逐舰，撞中该舰右舷，将其炸成两截，5分钟后这艘舰就沉没了。一时间这种从空中纷纷落下的"樱花弹"成了美舰的克星。

历时两天的海空拼杀，日方宣称击沉美各类舰船47艘，日机损失298架。第二次"菊水特攻"在两败俱伤中结束。

4月12日是这次战役中美国海军最为艰难的一天。同一天从美国国内又传来噩耗，罗斯福总统在休养地突然因脑溢血去世。前线的美军沉浸在悲痛之中，而日军却找到了宣传的机会。冲绳岛上的日军向美军阵地散发传单，传单上的标题是"美国的悲剧"。日军的宣传人员借题发挥道："导致你们已故领袖死亡的可怕损失，将在这个岛上使无数人成为孤儿。日军特种进攻兵团将击沉你们的舰只直至最后一艘。不久的将来你们会亲眼看到这一切。"这份传单充满着杀气腾腾的威胁言辞。罗斯福在死之前说的最后一句话是"我头痛得很"，在传单上也被日本人篡改成"我的错大得很"。

4月16日，日军又派出165架自杀飞机，在上百架战斗机掩护下发动了第三次"菊水特攻"。上午8时20分，作警戒哨的"拉菲"号驱逐舰在雷达荧光屏上发现自杀飞机从四面八方涌来。一个多小时内，这艘军舰受到22架自杀飞机的攻击，有6架撞中，4颗炸弹在舰面爆炸。虽然"拉菲"号奋力还击，击落几架自杀飞机，但毕竟受不了如此连续疯狂的轰击，最终舵机被炸坏，舰尾下沉。

一架日机穿过密集的高射炮火，撞中"普林格尔"号驱逐舰烟囱后部。剧烈的爆炸炸得龙骨弯曲，舰体裂成两半，5分钟后便葬身海底。"勇猛"号航空母舰被自杀飞机撞中飞行甲板，炸开一个大洞，舰面火苗乱窜。受伤的舰船就更多了。

4月27日，115架自杀飞机在战斗机群掩护下展开了第四次"菊水特攻"，又有一批美舰沉没受伤。对美国海军来说，1945年4月成了整个太平洋战争中最艰苦的月份。面对不顾死活的日军自杀飞机，美舰在冲绳海域损失惨重。眼见胜利在望，战局却突然变得严峻起来。

5月3日，日军又出动125架自杀飞机，在战斗机护航下发动第五次"菊水特攻"。在日机连续攻击下，"李特尔"号驱逐舰遭5架自杀飞机撞击，鱼雷舱爆炸，龙骨断裂，12分钟后沉没。还有一艘火箭炮舰遭自杀飞机撞击后，引起大爆炸，火箭怪叫着乱飞。血战一直持续到第二天。"摩里逊"号驱逐舰受到自杀飞机撞击后，本来还不至于沉没，但又有两架用木头和帆布制成的老式双翼飞机却对这艘军舰横撞过来，引爆了弹药舱。不到10分钟，"摩里逊"号就舰首翘起，逐渐下沉。

不顾死活的自杀飞机，高速飞行的"樱花弹"，原始笨拙的木制飞机，在辽阔的冲绳海域交替攻击，给美舰造成极大的威胁。在庆良间的锚地停满了受损的舰船，一些受伤严重的残破军舰还被拖回国内修理。一次次特攻作战表明日军的抗击越来越顽强，连一向沉着的尼米兹也惊慌起来。他开始担心美航空母舰编队的安全。

5月10日，参加冲绳岛战役的美军各部队都已知道德国在前两天已无条件投降。为庆祝这一胜利，冲绳海域美舰万炮齐鸣，每艘舰开炮 3 发。欧洲战场的战事已经结束，但在太平洋战场，日军还要作最后的挣扎。

5 月 11 日，217 架日机（其中自杀飞机 104 架）实施第六次"菊水特攻"。这天上午 10 时，几架自杀飞机突然从低沉的碎云中飞出，径直冲向米切尔的旗舰"崩克山"号。这艘航空母舰躲闪不及，被撞中飞行甲板，炸弹在走廊里爆炸，飞机发动机跌入作米切尔司令部的舱房里。

斯普鲁恩斯为制止日军没完没了的空中攻势，决定要对九州和台湾的日军机场进行一次大规模的空袭。从马里亚纳群岛起飞的远程轰炸机、从航空母舰上起飞的舰载机以及从冲绳机场起飞的战斗机反复地轰炸日军机场，在空中拦截日本人的自杀飞机。用于一次性作战的自杀飞机有许多是教练机改装成的，飞行员的技术也很不熟练，以致日军的特攻作战一次比一次损失大，战果却一次比一次少。

日军陆军本来把大部分可动用的飞机都投入"菊水特攻"作战，但在 5 月下旬，陆军开始对这种消耗极大的战术失去热情。恰好在这时，联合舰队司令丰田大将转任海军军令部总长，由小泽中将接任联合舰队司令。小泽的资历比暂时归联合舰队指挥的陆军第 6 航空军的司令菅原中将要浅，第 6 航空军就此脱离联合舰队指挥回归陆军。陆军也就退出了"菊水特攻"作战，把航空部队主要用于本土防空。而海军仍热衷于特攻作战，至 6 月 21 日又发动了 4 次"菊水特攻"。

日军航空兵发动的 10 次"菊水特攻"，出动了飞机 3742 架次（其中自杀飞机 1506 架）。另外日军航空兵还多次进行了小规模的攻击，出动了飞机4109架次（其中自杀飞机887架）。在这一系列海空激战中，日军共损失飞机2258架。美国海军军舰沉36艘，伤368艘，损失舰载机763架，死亡和失踪官兵4900多人。这是太平洋战争中美国海军损失最大的一次。

5月27日，哈尔西接替斯普鲁恩斯指挥舰队。哈尔西运气不好，上任不久一场灾难性的台风袭击了他的舰队。风眼正好通过舰队，几乎每艘舰船都遭到不同程度的损坏，有些损坏严重，120架飞机被毁。好在没有一艘舰船沉没。美国质询法院把这场灾难的责任归罪于哈尔西，建议海军考虑撤掉他的职务。因为哈尔西在美国人的心目中是个英雄，影响很大，海军部才没有照办。

在海上血雨腥风拼杀正酣之时，陆上的激战也日趋白热化。美军登陆后北路进展较快，至4月14日美海军陆战队第6师已将冲绳北部的日军逼入绝境。但在南部，美军遇到顽强的抗击。离首里不到4500米的嘉数高地，日军集中兵力，决死抵抗，美登陆部队严重受阻，几次从正面进攻都被打退，而从两侧进攻，也无法向前推进，形成对峙局面。在向高地进攻时，22辆坦克全部被击毁。19日美军3个师发动总攻，激战5天，前进不过数百米。当时的作战模式是，日军凭借坑道相连的地下工事死守，美军奋力猛攻数日将其突破后前进一小段，日军已退守下一道防线，等待美军再次发动攻势。

地面进攻进展不大，使尼米兹很生气。他在4月23日来冲绳，对指挥地面作战的陆军将领巴克纳施加压力，要巴克纳派兵在日军防线的背后登陆，两面夹击日军防线，早日结束地面作战，使海军舰队能后退到安全的海域。他对巴克纳说："我每天要损失一艘半军舰，你要在5天内有突破。"巴克纳拒绝尼米兹要他在敌后登陆的建议，理由是南部的暗礁太危险，海滩也不适于登陆。实际上牛岛很害怕美军在南部登陆这一着，假如这样做的话，战斗或许很快就会结束。

与美军长时期的僵持，牛岛要的就是这种打法。但他的部下对这种防守战术很不满意，参谋长长勇中将跟他大吵大闹，要求主动发动反攻。牛岛被迫同意来一次反攻。5月4日天亮前，日军发动了一次全面进攻。当天空升起两颗信号弹时，日本兵像潮水一样汹涌而上，右翼的2000人很快被美军大炮消灭在一片开阔地带。没有重武器和坦克的支援，日军损失惨重。只有在中段，伊东孝一大尉带着几百人突破美军阵地，但很快也因伤亡太大，只带着十几个人突围回来。

看来，日军在防守时的力量反而更大。5月7日在美军重新发动攻势时，冲绳岛骤降大雨，道路泥泞，战斗十分艰苦。对俯瞰首里的军事要地前田高地，美军用重兵进攻，一度攻下了高地。牛岛连忙命令年轻的志村常雄大尉带领600名新兵去收复高地。他们在夜里潜入高地边缘，天一亮猛然投出手榴弹，在轻机枪火力掩护下，端着明晃晃的刺刀，冲上了高地顶端。美军又调来新投入战斗的陆军部队，背着炸药包，用绳子和鹰爪钩攀登山峰，但一次次进攻都被从山洞中冲出的日军打退。直到志村手下的日本兵差不多全被打光了，前田高地才落到美国人手中。

在美军的打击下，日军伤亡已达6万多人。另外，日军弹药也严重不足，牛岛规定一门炮每天只能发射3发炮弹。5月22日，牛岛决定放弃首里古城。为掩护牛岛部队撤退，暂时不让美军使用冲绳岛上的机场，日军一支敢死队120人对冲绳的一个机场实行了一次特攻作战，乘坐 12 架轰炸机准备在机场上强行着陆。在机场上空，4 架日机被击落，其余 8 架擦地着陆。敢死队员们从机舱内冲出来，向停在机场上的美机扔手榴弹和燃烧弹。美国人被这突如其来的袭击吓得目瞪口呆，眼巴巴地瞧着敢死队炸毁了 7 架飞机，打坏 26 架，还烧掉了装有 7 万加仑汽油的油库。这一破坏活动直到袭击者全被击毙时才停止。

牛岛率日军撤退时，首里城已三面受敌。天上下着大雨，泡了水的掩体有些已经塌陷，山洞里灌满了水，晚上根本无法入睡，死尸也无法掩埋，任其腐臭。牛岛的部队已溃不成军，踏着泥泞的山道向后退却。5 月 31 日美军攻占了首里城。在大炮的连日轰击下，这里已是一片瓦砾。牛岛残部退入冲绳最南端的一座珊瑚山，这里筑有坑道和炮位。这座山像一堵大墙，横切冲绳南端大部分地区，背靠大海。牛岛准备在此进行最后的抵抗。

6 月 1 日美军开始进剿。他们在齐脚踝深的泥泞中艰难地前进。6 月 10 日美军发动全线进攻，在激战中一些名为"女子挺身队"的妇女也投入了战斗。有些日本兵把手榴弹绑在肚子上，跳出工事钻入美军坦克底下，然后拉响手榴弹与坦克同归于尽。

当美军用手榴弹、炸药包和特制的喷火坦克去追逐躲藏在洞中的日军时，战斗已变成一场残酷的狩猎。已走到穷途末路的日本兵渐渐成为杀害当地居民、强奸妇女的乌合之众。他们之间为争夺食物和水也在洞中大打出手，相互残杀。

这时，牛岛躲在山洞中。他收到美军空投下的一份劝降书，是巴克纳写给他的。投降书中写道："阁下部队作战英勇顽强，你的战术赢得了你对手的尊敬。我认为你与我同样清楚，彻底摧毁本岛日军的抵抗只是个时间问题。"牛岛看了以后微微一笑，不予理睬，每天仍在行军床上读诗写诗。他在山洞中发布的最后一道命令是要求部下战斗到底，不要忍耐不住而发动自杀冲锋。

6月18日，巴克纳中将来到前线指挥所向日军阵地观察，忽然一发炮弹飞来，在他身边爆炸。一片尖珊瑚飞进他的胸腔，10分钟后他便断气。这是美军在太平洋战争中战死的军衔最高的将领。

与历次战役不同，冲绳岛战役中有大批日军投降。仅6月19日这一天，就有近400名日本兵投降。投降者光着上身，其中一人拿着日英词典，查了一会后用英语高声说："我们打败了，悲惨，丢脸，堕落。"

6月21日晚，牛岛向东京发出诀别电报，说明"我们的战略、战术和方法都用到头了"。第二天中午，美军攻占了牛岛所在山洞的北部。牛岛眼看就要当俘虏了。23日凌晨，牛岛和长勇喝光了他们收藏的苏格兰威士忌酒，穿着干净的军服，挂满勋章。他们准备切腹自杀。两人把一块白布铺在洞口，朝北跪在布上，面对皇宫方向。附近的美国兵听到动静向这里投手榴弹。长勇先切腹自杀，然后牛岛在爆炸声中剖开肚皮，由站在他身后的五段剑师坂口大尉挥刀砍下他的头。

牛岛和长勇自杀的同一天，美国国旗在军乐队奏响的"星条旗永不落"乐曲声中于冲绳岛升起，表明美军已占领了这个岛。以后的一个星期中，美军一直试图用催泪弹把躲在洞中的日本兵和平民赶出来，然后向洞中灌煤油把不肯出来的人烧死。至少有不下于1万人就这样被活活烧死。

7月2日，美军正式宣布冲绳岛战役结束。

至此，历时 3 个月的冲绳岛战役才真正结束。在这次战役中，美军死 12000 人，伤 3 万多人；日军死了不下于 10 万人，被俘 7400 人，另外还有 10 万老百姓死于非命。

美军占领了冲绳，也就打开了日本南部的海上门户，日本本土就完全暴露在美军巨大的海空攻击面前，从南到北日本每个地区的军事基地和设施都难以逃脱来自空中或海上的打击了。

十三

火攻东京

在太平洋战争后期，日本逐渐丧失了制空权，美军飞机对日本本土的空袭日益加剧，已成为困扰东京日军大本营的一个难题。日军首脑人物也曾设想过如何能以牙还牙用些办法去空袭美国本土，即使没有多大战果，至少在精神上能给美国人一些打击。日本军工部门曾计划制造一种单程飞行、能跨越太平洋的轰炸机，重点攻击美国北部的重工业工厂。但因为制造新式飞机在技术上有一定困难，且制造几架这样的飞机要牵制航空部门很大一部分力量，因而这一计划也就未能实施。一计不成又生一计，后来大本营采纳了陆军的建议，倾向于制造超大型的气球，在上面放上炸弹，用来攻击美国本土。

从 1943 年下半年开始，日军动员了许多裱糊匠、女学生甚至妓女在东京的大型剧场、相扑馆内用雁皮纸粘上鬼芋制作这种超大型气球。每个气球高 10 米，直径达 5 米。在气球上装有高度调节装置和炸弹、燃烧弹。这种气球有 1 万公里的空中飞行能力，足以飞过太平洋到达大洋彼岸的美国。

1944 年 9 月，大本营下令临时组建气球联队，去执行代号为"富号试验"的放飞气球炸弹行动。有一名陆军参谋军官还被派到伊势神宫去，祈祷神的帮助。1944 年 11 月至 1945 年 3 月这半年中，气球联队共放飞了 9300 个气球，其中有些气球穿过了太平洋，确实到达了美国本土，但战果并不理想。这些气球落在美国西部的山林中，曾引起几场森林火灾。当时美国政府在国内对日本的气球攻势闭口不提，并严禁新闻媒介泄露此事，因而这场气球战对美国人民基本上没有什么影响。

日军对美国本土的空中打击是象征性的，而美军对日本本土的空中打击则是实质性的。日军在战争初期并不重视防空，陆海军奉行的原则是所谓"积极防空"，即尽可能占领会成为空袭日本基地的地区。按照海军的说法就是："最重要的是不让敌机靠近本土，其次才是迎击前来袭击的敌机。"所以尽力加强在海外驻军的作战能力，而国内的防空能力却较为薄弱。在日军偷袭珍珠港时，其用于本土防卫的飞机只有 300 架，高射炮约 700 门。但随着战局对日本愈发不利，美军飞机越来越多地飞临日本本土，日军也越来越注重本土防空，整顿和加强防空兵力，与不断来空袭的美军飞机展开一场场激烈的空战。

在战争后期，轰炸日本本土被美军看作摧毁日军战斗力和战斗意志的重要手段。频繁的战略轰炸将使日军"软化"，并最终打败日本。

为实现这一战略轰炸任务，美军专门设计了 B–29 重型轰炸机。这种被称为"超级空中堡垒"的轰炸机重 60 吨，能装 7 吨多炸弹，时速达 563 公里，高度可达 1 万米，续航能力达 6430 公里。这是第二次世界大战中最大的轰炸机。

首次使用这种巨型飞机轰炸日本本土是在 1944 年 6 月 15 日。这天深夜，从中国成都起飞的 20 架 B-29 飞机轰炸了日本关门、仓幡地区。从此以后，驻中国大陆的美军飞机以北九州特别是八幡炼铁厂和长崎造船厂为目标进行轰炸。先后出动了 10 次，每次以 40 架甚至七八十架的大编队去空袭。这 10 次攻击由于日军防空部队事先得到预警报告有了准备，效果并不明显，反而损失了不少造价昂贵的 B-29 飞机。仅在第一次空袭中就有 7 架飞机被击落。

当美军攻下马里亚纳群岛的塞班岛、关岛之后，这里成了 B-29 飞机战略轰炸日本本土的大本营。1944 年 11 月 24 日，驻关岛美军第 21 轰炸机队的 110 架飞机直扑东京，打算去摧毁东京北面的真岛飞机厂。这次大轰炸结果很让人失望，遭到 125 架日军零式战斗机的拼死拦截，甚至有一架 B-29 轰炸机被日机撞落。最后只有 30 架美机找到了空袭目标，在飞机厂及附近地区投了不到 50 颗炸弹。这家飞机厂损失并不严重。3 天后的第二次空袭仍然效果不佳，因为很厚的云层遮住了飞行员的视线。而为收容可能被击落的美机飞行员而布置的美国潜艇却战果赫赫，"射手鱼"号潜艇在东京船厂的一个偏僻海港外击沉了超级战舰"信浓"号，这艘战列舰正在被改装为庞大的 6 万吨航空母舰，为逃避空袭，它驶出海湾时成了牺牲品。

面对日甚一日的美军大规模空袭，日本政府大张旗鼓地在老百姓中搞防空演习和动员。家家户户在后院挖一个简陋的防空洞。在军乐声中大搞消防演习，人人发誓要搞好防空取得最后胜利。保卫本土的战斗机不够用，就主要靠探照灯和高射炮防空，实际上却难以打到在高空飞行的 B-29 轰炸机。好在在高空轰炸的精确度很差。

政府还致力于把小学生疏散到农村中去，既让他们躲避空袭，又减轻食品供应不足的压力。这时，在东京街头已看不到一条狗，它们都被人们用来解馋了。美国的海空封锁还使日本得不到制造飞机所必需的铝矾土，以致铝的储存越来越少，炼铝厂原料匮乏。另外，飞机用的燃油也运不进来，日本政府被迫采用应急的办法，用人工合成燃料。飞机数量不足影响到防空力量的配备，时间一长，日军对付空袭就显得力不从心。

从 1945 年 1 月起，驻中国大陆的 B－29 轰炸机陆续转场到马里亚纳的机场，对日本的空袭进一步加剧。从这里起飞轰炸东京比从中国四川出发近一半路程，至 2 月底，轰炸日本本土达1100架次，扔了 5000 吨炸弹。但让美国人大伤脑筋的是空袭的效果一直很差。自 1944 年 11 月以来，3 个半月共空袭了 22 次，到达预定目标上空的飞机不到一半，对日本军工生产的能力没有多大破坏。而由于日军零式战斗机经过改进已能飞到 B－29 轰炸机飞行的高度，B－29 飞机的损失也就越来越大。在一个多月中就有 29 架被日机、高射炮击落，机械故障损失 21 架，还有 15 架不知被日本人用什么办法击落了。这种飞机不同于一般的飞机，损失一架都不是小事，看来美军战略轰炸的前景并不乐观。

面对这种局面，1945 年 3 月，美军第 21 轰炸机队司令 39 岁的柯蒂斯·李梅将军经过深思熟虑，终于做出一项重大决定：派遣所属的全部 334 架 B－29 飞机，放弃常规的精确轰炸，携带燃烧弹低空夜袭东京。这是李梅一生中最大的一次赌博。这些飞机价值 4 亿美元，全部出动风险很大。

在夜袭之前，李梅向他的上司阿诺德上将报告，他要准备"进

李梅筹划空袭东京

行一次精彩的表演"。3月9日上午，马里亚纳群岛各基地的美军飞行员被集中起来接受任务，当他们听说飞机上除尾炮外所有枪炮都要卸掉，当夜要从低空空袭东京时，都很惊讶。枪炮拆卸后不载枪炮手，每架飞机可多载一吨燃烧弹，但这样做如遇敌机拦截就很危险。飞行员们还担心若轰炸平民目标，一旦成为俘虏可能会被老百姓活活打死。李梅并不在意飞行员们的反应，他心平气和地对他们说："你们将在今夜放出日本人从来没有见过的大爆竹。"

当天下午，334架B-29重型轰炸机从关岛、塞班岛等基地起飞，掠过碧波万顷的中太平洋直扑东京。飞行员和机组人员都穿着厚厚的防火服，戴上了沉重的钢盔。深夜时分，两架领头的飞机交叉飞过东京，扔下一串燃烧弹，快到地面时喷射出无数燃烧棒，触物就爆炸，把粘胶似的火种散开。顿时出现了两条交叉火线，形成一个燃烧的十字形。随后跟上来的飞机在地面火烧标志的引导下俯冲、投弹、爬升，倾泻无数的燃烧弹，使东京人口稠密的下町地区变成一片火海。有一个法国记者目睹了轰炸的场面："明亮的闪光照亮了夜空，就像圣诞树在深夜开放出焰火，然后大串火团闪电形、锯齿形地猛然落下，发出嘘嘘声。空袭开始后只过了15分钟，火乘风势，蔓延到许多木屋。"

空袭半小时后，烈火熊熊蔓延得不可收拾，消防队不得不放弃救火的打算。大风把通红的热火渣吹到塞满了逃难人群的大街小巷。有一个日本工人回忆当时的惨况，"大火之风带着燃烧的小火粒在街上蔓延。我看着大人、孩子奔跑逃命，像老鼠一样四处疯狂乱撞。火焰像活着的东西一样追赶着他们，把他们打倒。他们就在我面前成百成百地死去"。这个工人与妻子孩子藏身于屋顶的水箱才幸免于难。其他人就没有他这样幸运，许多人在公园的水塘和河流中活活被热水煮死，这些地方成了大锅。

每架 B－29 飞机携带六七吨燃烧弹，334 架飞机向东京投下了2000 多吨燃烧弹。东京城内到处都是木屋，被李梅称为"纸屋"，很容易燃烧。熊熊的火焰和灼热的气体使地面温度高达上千度，金属都被熔化，人和木建筑也随着化为灰烬。

旋转的热浪一直影响到在空中飞过的飞机，60 吨重的巨型飞机竟然像大风中的纸，在空中摇摇晃晃。浓烟把飞机发亮的机身熏得发黑。飞行员们感到"从烈火中吹来的风非常强，使飞机上的人在机舱里打转。机舱里没有拴紧的东西被晃得到处都是"。在一次颠簸中，一架 B－29 飞机被吹得翻了个儿，飞行员勉强转了个圈才把飞机升上高空。有的飞机冲进火焰中，飞机里充满焚烧人肉的焦臭味，有的人禁不住呕吐起来。

在东京城里，消防队员控制不住火势，警察也拦不住奔逃的人群。许多人惊慌失措，手里抱着着火的衣物乱冲乱闯。在隅田川上，桥上挤满了争相逃命的人，河里漂浮着无数尸体，无论穿不穿衣服都黑得像木炭，连是男是女都分不清。河面上漂来的东西也难以弄清是烧焦的人腿还是木块。

天亮时夜风停止，东西也烧完了，大火熄灭。东京东部一大片地区消失了，这座城市被毁了四分之一。8 万人被烧死，10 万人被烧成重伤，100 万人无家可归。李梅计划要轰炸的 22 个工业目标，全部化为一片灰烬。美军损失 14 架飞机，与这样重大的战果相比是微不足道的。还有 42 架飞机受伤，但都安然飞返基地。经过这一夜的轰炸，李梅的赌博获得成功。他相信不停地对日本城市进行恐怖

遭空袭后的东京

的燃烧弹空袭，就能最终打败日本。

在日本国内，空袭后第二天，天皇为表示皇室的关心，要求亲自去被炸地区视察。3 天后内大臣木户经过慎重考虑决定，先派秘密警察混入老百姓中间，再在大批警察保护下让天皇去废墟视察。3 月 18 日，经过精心准备，天皇像碰巧路过一样去一个被炸的地区，看看烧毁的木屋和没来得及埋掉的尸体，不时摇头表示悲伤。东京的电台还在尽力鼓动日本人：

> 我们为什么要害怕空袭？
> 天空有铜墙铁壁保护。
> 正是青年人和老人挺身而出的时机，
> 我们肩负保卫祖国的天职。
> 来吧，敌机！
> 来多少也不怕！

但经过这次大火，日本人开始意识到日本战败恐怕已成定局。

3 月 9 日火攻东京一天多后，317 架 B－29 飞机又夜袭名古屋，使当地的飞机制造厂化为一团火焰。13 日又有 300 多架 B－29 飞机袭击了日本第二大城市大阪，投下 1700 吨燃烧弹，城区在 3 小时内大部分被毁。3 月 16 日 2300 吨燃烧弹使神户成为火城，神户的造船厂完全被毁。在两个星期内，李梅用掉了 1 万吨燃烧弹。

对这种不加区别的大规模空袭，美国教会的一些神职人员在布道时提出抗议，反对屠杀敌国平民，但没有引起人们的共鸣。美国政府为这样做辩解，由于日本已践踏了战争法规，美国也就不受这些法规的约束。不少美国人甚至认为日本人遭到这样的打击是罪有应得。《时代》杂志祝贺李梅，鼓励他"把日本的城市像秋天的落叶那样烧掉"。

大规模火攻东京等城市后，美军飞机加强了对日本本土的空袭，并在日本本土各重要港湾和海峡布雷。

4月7日，伊势地区遭空袭。13日皇宫一部分被焚烧，明治神宫被毁，这对日本国人心理打击极大。

5月，美机共出动4855架次，其中B－29轰炸机出动达2907架次。5月23日下午，362架B－29飞机再次光临东京，包括工业区和居民区的东京港两侧地带被炸成废墟。美国飞行员得到指示"避免轰炸皇宫"，因为"日本天皇目前还不是个包袱，将来还可能有用"。25日凌晨，502架B－29飞机又来轰炸东京，投下3200多吨燃烧弹，又一次燃起大火。大火的余烬跃过了皇宫的护城河，烧着了灌木丛，也波及皇宫。天皇和皇后进入设在御文库的地下防空洞。许多皇族的邸宅也全部被毁，外务省、首相官邸、海军省和大东亚省的大楼也部分被毁。4天后，517架B－29飞机飞临横滨，城区大部分地区成为一片火海。

6月，美机共出动4312架次。

7月，美机共出动2万架次。除大城市之外，对中小城市的轰炸也趋激烈，对濑户内海及日本海港又进行鱼雷攻击，使得日本内海交通濒于断绝。7月10日，美航空母舰编队1220架舰载机铺天盖地对关东地区进行空袭，同时，从硫磺岛起飞的150架飞机又袭击了大阪和神户，使这两个城市遭到彻底破坏。7月13、14日两天，美国出动1820架舰载机空袭北海道东北地区。

一连串猛烈的空袭，使日军简直没有还手之力。老百姓几乎看不到日机拦截，甚至怀疑日军是否还有航空部队。为打击一下美军，日军大本营想出一个办法，计划派遣300名敢死队员，搭乘30架飞机在7月下旬的一个月明之夜，强行在马里亚纳群岛美军机场着陆，摧毁停在机场上的B－29飞机。7月14日，这支敢死队正在紧张训练时遭到空袭，结果机毁人亡，奇袭机场的计划也就落空。

7月17日，尼米兹宣布："美国舰队的舰炮已经可以直接轰击在本州和北海道的沿海城市。"日本的防御体系已经解体，美军对日本的包围圈正在不断缩小。在日本近海海域的美舰水兵们，站在甲板上就能看到日本本土笼罩在滚滚浓烟之中。

7月24日，美英两国航空母舰舰载机袭击了日本濑户内海的海军基地吴港，港内3艘航空母舰、1艘巡洋舰被炸毁，日机损失113架。4天后，美英舰载机又一次大规模空袭吴港，击沉战列舰3艘、巡洋舰5艘，击毁飞机144架。从此以后日本海军就没有可用于作战的军舰了。

从1945年1月至8月战争结束，美军仅B－29轰炸机就出动33000架次，舰载机为2万架次。日本的损失计有1600多架飞机被毁，48艘舰艇被击沉，1500艘运输船遭破坏。死伤达69万人，至少有1300万人无家可归。98个城市被炸得面目全非。只有京都、奈良、热海少数几个历史文化名城和旅游胜地未遭飞机轰炸，完整地保存了下来。

无休无止的轰炸使日本的交通尤其是海上交通完全瘫痪。美军飞机在沿海地区投放水雷，使日本一些主要港口不能使用。甚至连日本本土各岛屿之间的交通也濒于断绝，而且在日本海游弋的美军

216

潜艇也到处袭击日本船只。然而美国飞机没有轰炸日本列岛的铁路干线，使得日本本土的陆上运输尚能维持，不然的话，日本早就支撑不下去了。

空中轰炸和海上封锁造成日本国内煤炭、劳力、资材和生活日用品供应情况极端困难，粮食供应不足，已在用橡子代替粮食食用，副食品的供应更无从谈起。

在大轰炸中，城里的老百姓不少逃往农村。他们情绪低落，很少看到日本飞机升空拦截。日军大本营正在为即将到来的本土决战积蓄力量，需要保存大部分飞机，只能让老百姓干等着挨炸。每逢星期天，几百万城里人带着衣服、首饰和其他值钱的东西去乡下换些吃的食物。而且长时间的空袭使日本人产生了新的迷信。据说吃裹着大葱的米饭团或者吃赤豆，炸弹就不会落在头上。一次空袭时，炸弹就落在离一对夫妇不远的地方，两人却奇迹般地安然无恙。他们发现身边有两条死金鱼，就认为是金鱼代他们死了，他们就把两条死金鱼放在家中神坛上供奉起来。这件事一传开，市面上就很难买到活金鱼，于是出现了陶瓷金鱼，并大量生产。

为逃避空袭，大约有 850 万人流入农村，工厂工人的缺勤率至 1945 年 7 月已达 49%。空袭和海上封锁造成原料枯竭、劳动力不足以及交通堵塞，生产能力急剧下降，日本战时经济已难以维持。炼油工业的生产下降 83%，飞机发动机的生产下降 70%。钢铁月产量不足 10 万吨，只达到计划的三分之一。600 多家军工厂遭到严重破坏，军火生产尽最大努力只能达到计划产量的一半。

对日本来说，在遭受这样重大的打击后，战争早已很难再打下去，更谈不上有最后取胜的希望。日本的决策者们也在考虑这一现

实。5 月 12 日，日本新成立的最高战争指导会议（由首相、外相和
4 个军方首脑组成）开会，决定请苏联出面调解以结束战争，避免
无条件投降。曾出任首相的广田被派去找苏联驻日大使马立克联系。
6 月 3 日，广田装作路过的样子在乡间休假地找到了马立克。广田先
是向马立克庆贺苏联战胜了希特勒，表示要与苏联和平相处，想请
苏联出面调停战争，马立克未置可否。可这时军方仍持强硬态度，6
月 6 日最高战争指导会议再次开会，通过了一份叫《全面指导战争
之基本大纲》的文件，要求把战争进行到底，"感于忠贞不渝之信
念，加之地利与人和，必能为发扬我国体、保护皇土、实现征服之
目标而殊死战斗到底"。口气强硬，毫无回旋的余地。尽管铃木首相
内心清楚地知道日本已难以承受战争的重负，但他不能明说。顽冥
不化的军方领导人尤其是陆相阿南惟几和参谋总长梅津美治郎坚决
反对任何可能导致投降的举动，坚持要执行自杀性的"一亿玉碎"
政策。

应外相东乡茂德请求，广田又找了马立克几次，仍没有结果。
天皇按捺不住了，7 月 7 日召见了铃木首相，提出能不能派一名特使
带着天皇的亲笔信直接去苏联，请斯大林出面调停。天皇心目中想
派的特使人选是曾当过首相的近卫公爵。很快，日本驻苏大使佐藤
收到电报，让他与苏联外交部联系近卫访苏事。日本政府一厢情愿
地相信苏联会帮日本的忙，却没想到苏联不但不会替日本说情，而
且还正在紧张准备向日军占据的中国东北出兵，要打败日本陆军的
精锐之师关东军。不久，苏联就拒绝了日本派遣特使来访的请求。

7 月 26 日，美英中三国发表了促令日本投降的《波茨坦公告》。
公告称："美国、英国和中国的庞大陆海空部队已增强多倍，即将给

予日本以最后打击，对日作战直至其停止抵抗为止。""日本必须决定，是将继续受其一意孤行使日本已陷于完全毁灭境地的军人统治，还是走向理智之路？"并警告日本："我们通告日本政府立即宣布所有日本武装部队无条件投降，并对此种行动诚意给以适当充分的保证。除此之外，日本将完全毁灭。"

对这个公告，日本政府内东乡外相认为应该慎重对待，不能轻率拒绝。而军方要求立即发表声明宣布《波茨坦公告》是荒谬的。铃木则持骑墙态度，建议可以不予理睬。7 月 28 日，铃木对记者发表谈话，说："我认为波茨坦宣言不过是开罗宣言的翻版，政府认为它没有什么重要意义。我们不予理睬。"虽然"不予理睬"在日文中含意丰富，有"不作评论"的意思，但这一措辞实际上给人的印象是日本政府拒绝了盟国要它投降的最后通牒。就这样，美国政府准备对日本使用原子弹。

十四

广岛上空的蘑菇云

1945年8月6日早晨，日本城市广岛笼罩在一层薄雾之中，城外西南海岸的严岛风景如画。当日本各城市相继被炸成一片废墟的时候，广岛却如世外桃源一般，很少有美国飞机来光顾。当地居民猜想这可能是因为他们中许多人有美国亲戚的缘故，事实很快就要证明他们的想法并不正确。

就在这时，一架肩负可怕使命的名为"同花顺"的气象飞机飞临广岛上空。7时30分，机长伊瑟莱少校从高空发回急电："一切正常，可以飞往。"这时有3架B-29轰炸机正向日本的本州飞来，其中一架以机长蒂贝茨夫人的名字命名，称作"伊诺拉·盖伊"。这架飞机收到电讯，蒂贝茨一看电文说："是广岛。"于是3架飞机排好队形直奔广岛而来。

8时15分，飞临广岛上空的"伊诺拉·盖伊"号从9600米高空投下一个4吨重的庞然大物，然后急转弯掉头飞走。当这个大家伙坠离地面约600米时，突然发出令人目眩的白色闪光，并传来一声山崩地裂般的大爆炸。顷刻之间，翻滚的暗黑色烟雾覆盖了整个方面有点远见，采纳这个建议，那么 19 世纪的历史也许会改写。"

萨克斯侃侃而谈，语重心长，深深打动了总统的心。罗斯福默默不语，想了一会后果断地按了一下电钮，指着爱因斯坦的信和各种说明材料，对应声而入外号叫"老爹"的军事助理沃森将军平静地说："老爹，该行动起来了。"

遵照罗斯福总统的命令，美国有关部门组成了一个代号叫"S–11"的研制原子弹的委员会。1941 年 12 月 6 日，就在日本偷袭珍珠港的前一天，罗斯福批准了一项大规模研制原子弹的计划。

1942 年 8 月 11 日，美国陆军工程兵团建筑部副主任格罗夫斯将军受命主持"S–11"委员会成员会议。他将分散在美国各地的原子武器研制工作统一起来，制订了名为"曼哈顿"的新计划。研究工作统一由新计划的领导机构"曼哈顿工程管理处"接管，接着在田纳西州诺克斯维尔市东北的小镇克林顿附近建造工厂，名为"克林顿工厂"。这里从 1943 年夏季开始被称为"橡树岭"。"曼哈顿"计划直属总统管辖，任何人不得干预，甚至连副总统都不知道。当时还是参议员的哈里·杜鲁门曾到这里来打听情况，想了解纳税人的钱用得是否得当，白宫叫他少管闲事。

1942 年 10 月，格罗夫斯又在新墨西哥州的荒原上选择了一个偏僻地区，修建了洛斯阿拉莫斯实验中心，从事原子物理学方面的特殊研究。参加这项工作的科学家都与外界隔绝，他们的妻子只知道丈夫的通讯地址：美国陆军邮政信箱 1663 号。领导这项工作的是奥本海默博士，他后来被称为美国的"原子弹之父"。

1942 年 12 月 2 日下午，物理学家费米用隔层铀隔层石墨共 57 层造的一个可以控制的核裂变连续反应装置，在芝加哥大学网球场的看台下当场试验成功。以后的问题是将原子弹投入工业生产。在后来的两年多时间里，研制工作在紧张而迅速地进行。

1945年4月12日，罗斯福总统因脑溢血猝然去世。4月25日陆军部长史汀生向新总统杜鲁门全面汇报了"曼哈顿"计划。同年夏天，第一批3颗原子弹制造成功，代号分别为"小男孩"、"大男孩"和"胖子"。为制造这些原子弹，美国动员了约10万名科学家和工人，耗费了20多亿美元。

7月16日，人类首次核试验在新墨西哥州的沙漠中进行。清晨五点半，放置在一座30米高钢塔顶部的原子弹"大男孩"起爆了。一道令人目眩的闪光划破长空，大地微微颤动。在爆炸中心地区，一个巨大的火球腾空而起，从深紫到橙黄不断变化扩散，形成蘑菇云，瞬间上升到万米高空。中心区的高温把钢架熔化。半径700米内的沙地被冲压成一个白色的盘子，高热把沙烧化成一片玻璃状物质。方圆1.6公里内的所有生物——响尾蛇、仙人掌和各种野草，全部化为乌有。试验成功了，威力巨大的原子弹从此诞生了。巨大的爆炸使站在远处观看的一位将军情不自禁地喊道："战争结束了!"格罗夫斯也这样说："只要在日本扔一两颗，战争就没了。"

早在原子弹诞生前的5月，杜鲁门就任命了一个以史汀生为首的临时委员会，其中包括3位著名科学家，研究向日本投掷原子弹的问题。经过激烈争论，委员会终于决定："应尽可能快地对日本使用原子弹。原子弹由于它的特点，使用时不宜事先提出警告。"6月18日杜鲁门召集有关人员在白宫开会。参谋长联席会议主席马歇尔认为：根据在德国的经验，空中轰炸还不能迫使日本人投降；在九州岛登陆，将出动76万兵力，估计损失会很大。为避免这种情况，与会者觉得只有使用原子弹。这一决定得到了杜鲁门的批准。

有一批参加研制原子弹的科学家主张先在沙漠上或一个荒无人烟的珊瑚礁上试爆，请各国代表包括日本代表前来观看，以显示其威力，迫使日本投降。但这一建议遭到不少人反对：如果试爆的原子弹是颗不爆炸的哑弹怎么办？如果日本政府不派代表怎么办？再说，为数不多的原子弹怎能在珊瑚礁上再浪费一个？一些科学家给临时委员会写信，提出使用原子弹是否人道的问题，但他们的看法无人重视。

7月16日，美国的重巡洋舰"印第安纳波利斯"号极为秘密地载运原子弹外壳和一块铀235，由旧金山驶往马里亚纳群岛的提尼安岛。这块铀放在一个直径45厘米、高60厘米的铅制圆桶内，让两人专门看管。原子弹运抵提尼安岛的4天以后，"印第安纳波利斯"号就被日本潜艇击沉，舰上1196人中只有316人生还。因为沉得太快，没来得及发求救信号，三天之后美国海军才知道这艘军舰的下落。

7月16日这一天，格罗夫斯向正在波茨坦焦急等待的杜鲁门总统报告："孩子们满意地生下来了。"这是原子弹已成功地运往目的地的暗号。在波茨坦，得意的杜鲁门找到斯大林，告诉他美国现在有了一种破坏力极大的新式武器，斯大林只是淡淡地一笑，希望美国用这种武器好好地对付日本人。斯大林的冷淡态度让杜鲁门很扫兴，实际上斯大林通过情报对美国研制原子弹的情况有所了解。事后不久斯大林就指定情报部门负责人贝利亚全面主持苏联研制原子弹的工作。

7月24日，杜鲁门指令美战略空军司令斯帕兹将军，让第20轰炸机队509大队准备在8月3日以后气象条件适合目测瞄准轰炸时，在日本的广岛、小仓、新潟和长崎 4 个城市中选择目标，投掷原子弹。两天后，美英中三国联合发表了《波茨坦公告》，敦促日本无条件投降，日本对此置之不理。8 月 2 日，杜鲁门在从德国回美国的途中，下令对日本使用原子弹。

担任实投原子弹任务的 509 大队的 B－29 轰炸机早在 1944 年秋天就进行了改装和集中训练。8 月 5 日下午，技术人员把铀 235 块固定在弹壳内。这颗长约 3 米、直径 90 厘米的原子弹被放在一条壕沟里。然后地勤人员小心翼翼地把"伊诺拉·盖伊"号飞机移到壕沟上面，再打开飞机腹部舱门，把原子弹升起，牢牢地固定在舱内。弹身上有人用粗铅笔写了封给日本天皇的信，其中有不少骂人的话。装配的最后一道工序将在飞机起飞后完成，以免飞机在起飞时出事故，引起波及整个岛的大爆炸。负责把原子弹装上飞机的帕森斯上校就在这一天曾亲眼看到 4 架 B－29 轰炸机在起飞时接连坠毁。

8 月 6 日凌晨 1 时 37 分，3 架气象飞机起飞，去分别了解小仓、长崎和广岛上空的气象情况。一小时以后蒂贝茨上校率领"伊诺拉·盖伊"号机组的 12 个人各就各位。当起飞命令一下达，飞机便以每秒 80 米的高速急驶。眼看快到跑道尽头，飞机因载重过重仍未腾空。蒂贝茨焦急万分，浑身被汗水浸湿。在这千钧一发之际，他用尽全力把驾驶杆向后一拉，飞机在离跑道终点只有几米的地方终于抬起头来，飞上夜空。在机舱里，杰布逊上尉在原子弹尾部小心翼翼地装上引信，换了插头，接通电路，这就随时可以扔了。其他两架 B－29 飞机也相继起飞，一架的任务是拍摄原子弹造成的破坏情况，另一架是去测定原子弹的爆炸威力。

在飞行途中蒂贝茨告诉大家："一旦日本进入视野，你们的说话就要录音，这是为了写历史，请你们说话注意。我们携带的是第一颗原子弹。"机组这才知道这种新武器的名称。

广岛在战前被列为日本第七大城市，人口最多时达 38 万。后来经几次战争疏散，人口还有 25 万。广岛作为日本西南部的行政和商业中心，又是日本陆军第二方面军司令部和九州军区司令部所在地，是日本部队与供应品重要的运输站，长期用作陆军的海运基地，在市东南有很多后勤工厂仓库。因为广岛被内定为原子弹的投放目标，因而在几次大空袭中都得以幸免。

6 日清晨 7 时 9 分，天气闷热却很晴朗，广岛市内拉响了空袭警报，气象飞机飞来。大街上赶路的人对此并不在意，看看天上只有一架飞机掠过天空。他们没有想到，这架飞机正在召唤可怕的死神。8 时，"伊诺拉·盖伊"与另外两架飞机飞临广岛上空。

8 时 14 分，飞机的平行瞄准器中出现了广岛市中心的相生大桥。自动控制器启动了，45 秒钟后一个响亮的讯号从无线电中传来，这表示再有 15 秒钟原子弹就要离机，机舱里的人迅速拉下厚厚的黑色镜片罩在眼睛上。8 时 15 分，弹舱打开，配带降落伞的原子弹"小男孩"从高空呼啸着摇晃而下。跟在后面的一架飞机投下两个降落伞，上面有收集数据的发报机。这时广岛的地面和天空都非常宁静，人们看见空中的 3 个降落伞，以为敌机中弹，机上的人在跳伞。

突然间，天空强光一闪，飞机机身猛烈晃动。机组人员看到地面上出现一个针头大小的紫红色的光点，很快化为一个火球，又爆发成一大团火焰，吐出一圈圈浓烟。飞机上的副驾驶路易斯上尉叫道："我的上帝！我们干了些什么？"蒂贝茨把飞机转过弯来，使机上的每个人都可以看到原子弹爆炸的情景，让每个人说出观感，当场用录音机录音。在机尾的卡隆中士说："我看到整个市区罩着一层厚厚的好像带有液体的东西，并不断从市区的爆炸点向外弥漫，然后在浓烟和灰尘中爆炸闪光。"军械师帕森斯上校说："在浓烟的边缘有少数火头，但是市区一无所有，只看到建筑物崩散的码头。灰尘和瓦砾翻滚了好几分钟。一个白色的云柱从爆炸中心升起，市区四周布满翻滚的云团。"返航途中，人人都默默无语。

下午两点多钟，"伊诺拉·盖伊"号飞机返回提尼安岛的基地，地面上已有200多人在迎候。斯帕茨将军在蒂贝茨上校胸前的飞行服上佩上一枚杰出飞行十字勋章。机组人员连忙去军官俱乐部喝柠檬水和威士忌酒。在洛斯阿拉莫斯，人们互相庆贺多年的辛勤劳动终于有了结果。

此时此刻，广岛市街完全变成烟熏火燎的废墟，呈现出人类历史上无人想象得到的惨绝人寰的情景。原子弹在广岛市中心偏西北空中离地600米处爆炸。随着响声席卷而来的"暴风火"以五六十公里的时速扫荡一切。墙壁崩散化为粉尘，钢筋水泥建筑顷刻倒塌。城市里稠密拥挤的木板平房被大火荡尽。离爆炸中心较远的建筑物的烧焦的残余，凄然地凸起在灰烬中。

强烈的闪光虽为时短暂，但产生的辐射热危害极大。当时在屋外的人，皮肤立即烧成黑色。在爆炸中心，花岗岩都被熔化，再也找不到一个人，只在地上有一些似乎是勾勒出来的像影子一样的人形。离市中心远一些，有了尸体，大多是保持着原来的姿势就被烧焦了。在残破的电车里，挤满了握着扶手的尸体。再远一些，活下来的人被烧得面目全非，全身烧伤赤身裸体地在痛苦中呻吟。那些伸出手来帮助更严重受伤者的人，在手抽回来时手中只握着一块块烧焦的肉，伤口一浸到水就冒烟。有一个亲身经历这场灾难的人后来回忆说："我听见从小树林里传来恳求声：'能给点水喝吗？'我看见一件军服。我以为只有一个军人，就找来了一些水。当我走进树林，看见大约有 20 个人，样子可怕极了。他们的脸全烧坏了，眼窝里空空的，眼珠化为晶液流满一脸。原子弹爆炸时他们一定是向上看的。在他们嘴巴的位置上有一个肿起来化了脓的伤口。由于剧痛，他们无法张开嘴巴咬住茶壶嘴。"

在一所女子商业学校里，原子弹爆炸时 350 个女学生正在干活。她们全穿着黄色的校服，没戴帽子。那些出于好奇转身去看闪光的人立即就死了。一个 12 岁的姑娘本能地用手捂着脸，等她睁开眼睛看时，只见一切都变了，没有人，没有房子。她身上没有了衣服，只剩下腰间的一条白布带，还在冒烟。她用右手拍打火苗，发现皮肤在一块块脱落。

原子弹爆炸的全过程不足 5 分钟，广岛所有的钟表指针都停在 8 时 16 分。原子弹爆炸后，突然又下起"黑雨"来，蘑菇云带上去的水蒸气凝聚成雨点，粘上放射性尘埃落下来，雨点很大，不久又变成灰蒙蒙的毛毛雨。在离爆炸中心较远还有逃难能力的人，其中大部分是妇女和儿童，沿着废墟中踏出的小道，去广岛市郊的小山避难。雨点打在这些半裸体人的身上，留下一条条灰色的痕迹。

慢慢地，全城燃起了大火，电线杆被烧成木炭，铁桥烧得歪七扭八。广岛市的警察局长组织了一个水桶灭火队去救火，自然是效果甚微。城内乱作一团。由于药品极为缺乏，救助伤员的常用办法居然是用一片片西瓜敷在伤口上。

8 月 6 日，广岛整整一天都笼罩在浓烟和火焰之中。直到黄昏时

受原子弹伤害的广岛市民

分，火势渐渐消退。随着外面人不断来救援，城里人不再外逃。刚开始每小时都有成百上千人死去，救护站无能为力。全城已化为一片焦土，断壁累累，死尸相枕，如同地狱一般。当"同花顺"气象飞机的机长伊瑟莱少校在得知广岛的惨状后，难过得沉默不语。战后他积极参加反核运动，主张永远禁止使用原子弹，并不断忏悔他在广岛上空所做的事，每月从工资中寄出一些钱给广岛，收款人是原子弹的受害者。他还去广岛访问，受到了热烈的欢迎。

这颗威力相当于117万吨常规烈性炸药的原子弹，把广岛市中心夷为平地，毁坏了7万多幢建筑物。据1946年2月占领日本的美军司令部发表的数字，在这场灾难中死亡和失踪92133人，重伤9248人，轻伤27497人。这些数字被日本方面认为是为了减轻美军的责任，已将数字尽量缩小，实际死亡人数至少有15万人。在死亡者中还有22名美军战俘，其中一人是被愤怒的日本人从瓦砾堆中拖出来杀死的。

另外还有众多的人受核辐射影响，得了原子病，在几周、几月、几年甚至几十年后死去。经解剖化验，发现血液中白血胞数量极少，骨髓坏死，喉头、肺和胃粘膜发炎。

6日下午，第二方面军司令部向东京报告，敌人使用了具有空前破坏力的新型炸弹。第二天早晨美国政府以杜鲁门总统的名义发表了声明，宣布6日在广岛投下的原子弹将使战争发生决定性的变化。假如日本仍不投降，还将在其他城市使用原子弹。不久日本著名的核物理学家仁科芳雄乘飞机去广岛调查，迎接他的军官半边脸被烧坏，半边脸却毫无损伤，这是因为他在原子弹空袭时正侧面对着爆炸的方向。仁科确认当地是遭原子弹袭击，并说这与他正在研究的铀弹是同一武器。杜鲁门是在乘重巡洋舰"奥古斯塔"号归国途中获悉原子弹在广岛爆炸的消息的，他兴高采烈地说："这是历史上最大的胜利，我们赢了！"

原子弹在广岛爆炸后，日本希望苏联从中调停的幻想很快破灭。8月8日下午，苏联外交人民委员莫洛托夫召见了佐藤大使，宣布自8月9日起苏联与日本处于战争状态。两小时后，集结在边境的苏联红军开进中国东北，加入了对日战争。

本来，美国以为日本政府在遭到第一颗原子弹打击后会有投降的表示，而等到的只是日本政府通过瑞士政府向美国提出的最强烈抗议："以本国的名义及全人类文明的名义谴责美国政府，强烈要求美国政府停止使用这种非人道的武器。"杜鲁门决定再投一颗原子弹。参谋长联席会议决定在8月9日投放，袭击目标定为两个：第一目标是九州岛上的军火工业中心小仓，备用目标是港城长崎。美军战时情报局印了1600万份用于劝降的《告日本人民书》，要求日本停止军事抵抗，不然就使用原子弹强行结束战争。

8月8日下午，前几天驾驶飞机去广岛测定"小男孩"威力的斯威尼少校接到通知，让他驾驶另一架名叫"博克的汽车"的飞机去投第二颗原子弹。这是一颗用钚装料的胖家伙，威力应该比"小男孩"大，因其外形粗壮，被取名为"胖子"。

第二天凌晨3时50分，装载"胖子"的飞机轰鸣着从长长的跑道飞出去。这颗原子弹在起飞前已全部装配好，如果坠毁的话后果不堪设想。有两架飞机同行。它们先朝小仓飞去。上午9时到达小仓上空，但城区被烟雾和云层遮盖，观测目标的投弹手找不到瞄准点。飞机又飞了一圈仍只能看到浓烟。更糟的是一个油箱开关失灵，无法使用备用燃料，不能长时间等待，斯威尼果断决定去备用目标长崎看看。如果那里还不行的话，按规定要把"胖子"扔进大海里。

上午 11 时，在长崎上空，投弹手把瞄准器对准长崎市中心的体育场。"胖子"脱离机舱，闪动着可怕的灰黑色的身躯，从 8800 米高空坠落，落在三菱钢铁厂和三菱鱼雷厂之间。飞机上的人看见"一个巨大的火球，好像从地球内升起，喷出一个又一个白色大烟圈"。斯威尼开着飞机离开这一个恐怖的地方。他的副手对投弹手嚷道："你刚才杀死了 10 万日本人。"由于燃料不够，飞机只好在冲绳着陆。

由于长崎地处多山的狭窄海岸，"胖子"正好落在四周是山的盆地之中，没有引起"暴风火"，因而其威力就不如"小男孩"那么大。长崎遭受破坏的情况在一份报告中有生动的描述："在爆炸中心 1000 米的半径之内，因极其剧烈的冲击波和热度，全部人畜几乎立即死亡，房屋和其他建筑物都被扫光、倾颓或破坏，到处发生火灾。三菱钢铁厂厂房的坚固房梁被扭弯。国立学校的钢筋水泥屋顶被破坏。爆炸威力之大出乎想象，大小树干都被炸去枝叶，或连根拔起，或在树干处折断。"

繁华的城市变成一片焦土，街道狼藉，尸横遍地。在长崎有 2 万幢住宅被毁，21000 人丧生，5000 人失踪，43000 人受伤。损失比广岛要小得多。

美国使用原子弹，对天皇的震动很大。6 日当天，木户内大臣就报告天皇，广岛已被某种新型武器夷为平地。天皇感慨万分地说："在这种情况下我们必须向不可避免的事态屈服。我们必须尽早结束战争。"接着长崎又遭破坏，这使天皇更加坚定地相信，现在应该是考虑如何能稍许体面一些投降的时候了。

十五
日本投降

1945 年 8 月初，日本在战争中已走投无路。美军即将在日本本土登陆；广岛和长崎遭受原子弹袭击；苏联红军出兵中国东北；中国军队也对日军发动了反攻。在这山穷水尽之时，是和还是战，在日本统治者高层内部引起了激烈的争论。

8 月 8 日下午，主和的东乡外相单独谒见天皇，谈到美国使用原子弹。天皇说，敌人已使用这种武器，继续进行战争已愈发不可能了，应该尽快结束战争。天皇让东乡把这一意见转告铃木。9 日上午，铃木听说苏联已出兵对日作战，他估计主力已大多被调往南方的关东军支持不了多久，于是冷冷地说："要来的终于来了。"反而有一种轻松感。他得知天皇的意思后，在上午 10 点多钟召开了最高战争指导会议，下午又开内阁会议，一直开到晚上 10 时 30 分。在这两次会议上对和战问题仍分歧严重，议而不决。为打破僵局，铃木决定奏请天皇同意再接着召开御前会议，天皇同意了。历来御前会议都是先在有关会议上把事情决定好了再召开，天皇的批准只是个形式。而这次事先并没做出决定，这次御前会议完全是破例的。

让铃木非常担心的是白天开会时陆相阿南介绍的情况，据被俘的美国飞行员交代，美国现在有 100 颗原子弹的库存，每月还能再生产 3 颗，原子弹攻击的下一个目标就是东京。这个俘虏的信口胡诌让铃木心惊肉跳。

8 月 9 日深夜，被招来参加御前会议的日本高级官员依次走进皇宫的御文库。在明月的映照下，他们被宫内侍从带着经过一条长长的地道，来到设在地下防空洞中的会议室。这里通风条件差，又闷又热。参加会议的主角是组成最高战争指导会议的"六巨头"：首相铃木贯太郎、海相米内光政、陆相阿南惟几、外相东乡茂德、参谋总长梅津美治郎和军令部总长丰田副武。另外还有年老的枢密院议长平沼男爵和几个书记官、干事。丰田、梅津等几个军人身上的军刀叮当作响，他们板着的脸上透出杀气。

夜晚 11 时 50 分，天皇进入会议室。他看起来很疲倦，有些心神不定，吃力地在御座上坐下。与会者起身鞠躬行礼，坐下后都不敢直视天皇。

这是一次决定日本命运的重要会议。在此之前召开的几次会议都因军方的顽固态度而没有结果。会议一开始，铃木首相让人宣读盟国敦促日本无条件投降的《波茨坦公告》。接着他介绍前几次会议议而不决的情况，然后请与会者发言。东乡第一个发言，他主张只要能保持国体也就是天皇制度，就应立即接受《波茨坦公告》，现在局势的恶化已失去通过谈判解决问题的余地。"我同意东乡外相的意见。"紧接着发言的米内海相附议道，他是军方首脑人物中唯一的主和派。

"我反对外相的意见！"一直在策划"本土决战"的阿南陆相直

着嗓门怒吼。阿南提出，除非盟国允许日本自己解散军队、自己审判战犯以及限制占领军数量，否则陆军不同意投降。"不然我们就拿出勇气继续打下去，死中求生。"他的眼睛里闪着泪花，声嘶力竭，请求在本土决战。"我们一定能给敌人造成重大伤亡。即使我们战败，我一亿国民也准备为名誉而死，使日本民族的事业名垂青史。"阿南说完重重地坐下。这时剃光头的梅津站起来发言，他慷慨激昂地支持阿南，并保证本土决战的准备工作已经就绪。

下一个该发言的人是丰田，而铃木首相却不知怎么搞错了，指名平沼发言。平沼向军方提出一大堆问题，要求他们回答有没有能力再打下去。丰田最后发言，他讲了很长时间，重申军方拒不投降的立场。在"六巨头"中，铃木、东乡和米内同意接受《波茨坦公告》，而阿南、梅津和丰田反对，形成三比三对峙的局面。

这时时间已到深夜两点多钟，铃木霍地站起来，向天皇走去。大家屏住呼吸，感到有些意外。阿南似乎觉察到了什么，高喊"首相！"铃木好像没有听见，来到天皇的御座前面，深深鞠了一躬说："会议已经开了两个多小时，但仍未能议决。事态已经处于刻不容缓的地步。因此尽管违反惯例，感到十分惶恐，但既然事已至此，我希望依据圣断做出会议决定。"

天皇已通过内大臣木户了解了白天开会的情况，知道已到他发挥特殊作用的非常时刻，于是会意地点点头，让铃木回自己座位坐下。铃木一坐好，天皇便站起来说："那么讲讲我的意见。说是要进行本土决战，但连重点海岸地区的防备都不充分，甚至连决战师团的武装也未配齐，飞机的增产也没有按预定计划完成，陆海军的计划总是不落实。这样能打胜吗？一想到解除忠诚军队的武装和处罚

决定日本投降的御前会议（白川一部绘）

战犯，实在难以忍受，但是现在须忍所不能忍者。我完全赞成外务大臣的意见。今天应以明治天皇遭受三国干涉时的心境为怀。"天皇说完后，又一次点点头，慢慢走出会议室。天皇表明了态度，与会者也不再争论，都相继在会议记录上签了名。这就表示军方也批准了等于是同意投降的文件。天皇所说三国干涉是指这样一件事：19世纪末日本在甲午战争中打败了中国，中国的清政府被迫向日本割让台湾和辽东半岛，结果引起俄法德三国不满，迫使日本退还辽东半岛。这在当时被日本看作奇耻大辱，却又不敢开罪三国，因而不得不接受。

御前会议结束后，继续连夜召开内阁会议。凌晨4时，内阁会议做出接受《波茨坦公告》的决定，但以不改变天皇制为唯一条件。10日上午外务省正式电告驻瑞士和瑞典的日本公使，请驻在国政府把日本接受《波茨坦公告》的照会转交美苏英中四国政府。同时外务省还通过英文广播对外迅速表达了同样的意思，实际上杜鲁门最早是通过广播得知日本政府态度的变化，然后才收到电报的。

尽管如此，日本政府和军方对内的口气仍然没有变软。10日下午，情报局总裁下村代表政府发表广播讲话，承认"现在已经真正面临最坏的状态。为了确实捍卫最后一线，以维护国体，保持民族荣誉起见，政府正在尽最大努力，同时也期望一亿国民克服一切困难，共同为维护国体而努力"。同一天陆相阿南对下属发出的训令更是杀气腾腾："纵令啖草嚼生，伏尸荒野，亦须断然奋战，相信死里求生。"

驻在国外的日军将领听到一些风声，也纷纷发电回国反对媾和，主张把战争进行到底。南方军司令寺内发回的电报称："不能设想靠一时的屈辱能够维护尊严的日本，坚信只有一亿军民坚持战斗直到最后一个人才有可能。"中国派遣军司令冈村宁次则表示："陆军几百万大军未经决战即行投降，如此奇耻大辱在世界战争史上也很少见。"

12日零时45分，日本政府通过广播收听到美国的答复。这一答复已得到苏英中三国同意。其主要内容为："自投降之日起，日本天皇及日本政府统治国家的权力，即须听从盟国司令官的命令……日本政府的最终形式将根据《波茨坦公告》按日本人民自由表达的意志建立。"日本军方得到消息后立即表示不能接受美国的答复，梅津和丰田两人联名上奏天皇，提出警告。他们认为，如果接受这样的答复，在美国提出的条件下媾和，"内则作为忠诚的国民臣下来看，实难忍受，终将引起一发而不可收拾的事态；外则将使以决死战斗、身殉大义为无上光荣的出征的数百万将士迷失前进方向，从而不仅将听任外敌的进攻，而且将导致国家内部的崩溃，终将带来我国体的破坏和皇国的灭亡。"当天下午6时，日本驻瑞士、瑞典公使发回盟国正式复照。第二天凌晨2时，两位公使又发回背景报告，说明盟国实际上承认了日本关于天皇制的条件。东乡外相的意见是，美国的答复虽然不能让人满意，但对保留天皇制也没有什么妨碍。

13日下午4时，内阁又一次开会，讨论是否接受经过美国解释的盟国促降公告。参加会议的大臣之间意见不一，争执不下。主张拒绝的人对天皇要听命于盟国将军愤慨不已，也有人提出日本历史上曾有过天皇服从将军的幕府时代。铃木的态度动摇不定，他宣布将再次提请天皇圣断。

在此期间，日本皇族也举行会议，表示要团结一致，协助天皇结束战争。陆相阿南试图拉拢三笠宫亲王出面说服天皇同意进行最后决战，遭到三笠宫申斥。三笠宫指责陆军从 1931 年出兵中国东北以来常常做出不合天皇心意的事，终于造成今日的困境。与此同时，陆军省一批高级军官还阴谋发动宫廷政变，监禁主和派要人，占领皇宫，迫使天皇支持在本土决战。但这一政变计划因梅津不同意而未能实施。

军方对他们寄予很大希望的本土决战是有所准备的，为此专门制订"决号行动"计划。他们集中了 1 万架飞机，其中大多是教练机改装的特攻飞机。为避免遭到空袭破坏，飞机都隐蔽在地下的机库内。由于燃料极度匮乏以及时间仓促，培训自杀飞机飞行员的时间极短，一般只有二三十小时。这些飞机三分之一将用于保卫九州，其余则用来击退在东京附近登陆的美军。还准备了 3300 艘特攻舟艇。他们计划用 53 个步兵师团、21 个旅团共 250 万人在海滩上击退美国人。支援正规军的有近 40 万陆海军文职人员、25 万人的特种警备队以及 2800 万叫"国民义勇战斗队"的民兵。国会已通过的《国民总动员法》，规定 15 岁到 60 岁的男人和 17 岁到 45 岁的女人都必须参加义勇兵，就这样组织了 2800 万民兵，使用的武器是旧式步枪、竹茅和弓箭。军方希望靠这些兵力，用特攻战术重点攻击防卫力量较弱的美军运输舰船，在美军登陆时消灭其一半，挽回局势。他们幻想在本土作战会取胜。这种心情在陆军参谋次长河边的一次发言中说得很清楚："认识本土的这种特性是胜利的基础，首先迅速确立足以发挥这种特性的战略态势，将国土内的森罗万象均化为战斗力。当敌军前来进攻时，发扬一亿国民特攻的进攻精神，要以不让敌军一兵一卒生还的决心，贯彻不胜则死的信念，以拼刺刀的白刃战法进行战斗。"其狂热的情绪并不因作战节节失利而有所消减，几乎已达痴狂的程度。

13 日下午，日本方面收到美国的无线电广播，谴责日本故意拖延，迟迟不作答复。美国海军的舰载机猛烈轰炸了日本的关东和东北地区，对日本施加压力。斯帕茨奉命准备两颗原子弹，随时可以使用。斯帕茨强烈要求下一个原子弹的袭击目标最好是东京，免得日本政府再拖拖拉拉。

14 日清晨，东京幽远的天际开始放白。有一架 B—29 轰炸机孤零零地飞临东京上空，在市中心扔下无数日文传单，五颜六色的传单为似朵朵彩云。传单内容披露了日本接受《波茨坦公告》的电文和盟国的复照，日本政府对国内严格保密的求和谈判情况至此被全部公开。

14 日上午 10 时 50 分，由天皇召集的御前会议在御文库举行。参加者为内阁全体成员，还有梅津、丰田、平沼和其他一些官员。由于时间仓促，好几个与会者都没有来得及换上礼服。会上，先由铃木说明最近最高战争指导会议和内阁开会的情况，至今未能就是否接受盟国的复照取得一致意见。现请天皇亲自听取意见，再作圣断。铃木刚讲完，梅津就站起来要求继续打下去。他认为，如果投降，就意味着国体的结束，那么全体国民也应在最后的决战中牺牲。丰田连声附和。阿南也主张打下去，他感情冲动，说话结巴。

他们发言完了，全场凄然沉寂，等待天皇说话。身着军装的天皇点点头，停顿了片刻，含着眼泪，声音哽咽地说："如果再没有意见，我谈谈我的看法。我的异乎寻常的决心没有变。我不是轻率地作出结论，而是根据内外形势和敌我双方的国力和战斗力来判断的。关于国体，敌方也是承认的，我毫无不安之处。

"如果继续战争，无论国体或是国家的将来都会消失，万民蒙受苦难，我实在于心不忍，也无以对祖宗在天之灵。如果停战，可以留下将来发展的基础，较之亡国还略胜一筹。但愿此时此刻，忍所难忍，耐所难耐，团结一致，以求将来的复兴。如果对国民有利，我准备发表广播讲话。我愿意到任何地方去，劝说陆海两军将士放下武器。我希望内阁立即起草诏书，结束战争。"

在天皇讲话时，会议室里不时传出呜咽抽泣之声，有人甚至号啕大哭。有两个大臣不能自已，倒在地板上。天皇也不时用白手绢擦脸上的泪水。当初"大东亚共荣圈"的美梦，已成了明日黄花。

天皇讲话后，日本政府随即根据会议决定赶忙向盟国发出接受《波茨坦公告》无条件投降的电报，到这时日本才算正式向全世界宣布投降。天皇已做出最后的决定，军方首脑的态度也随之变化。阿南和梅津表示要执行天皇的命令，米内对海军发出训示，要求下属不要摆错臣道的位置，要顺应天皇的旨意。但陆军中的一批青年军官还想作最后的挣扎。

这批陆军青年军官为首的是畑中少佐、阿南的内弟竹下中佐和前首相东条英机的女婿古贺少佐。他们最初想争取阿南和梅津的支持，没有成功。8 月 14 日在天皇最后决定投降后，他们开始行动了。他们计划占领皇宫，抢走天皇宣读投降诏书的录音唱片，并迫使天皇改变决定。

这一天下午，畑中骑着自行车在酷热中转遍了东京的大街小巷，企图劝说一些军官参加叛乱。他先到东部军管区司令田中的办公室，门也不敲就走了进去，被田中痛骂着赶了出来。畑中又去找近卫师团第二联队长芳贺大佐。畑中指天发誓说，他已得到阿南、梅津等将军的支持。芳贺勉强答应参加叛乱。离开芳贺后，畑中又骑车找到同伙井田中佐，吹嘘说："近卫师团所有联队长都答应支持我们，要说服的只有师团长一人。"随后他就拉着井田一起骑车去劝说近卫师团长森猛纠中将，井田在军校时曾是森中将的学生。

由于自行车胎漏气，两人一直到晚上11点才赶到位于皇宫附近的近卫师团兵营。他们在值班室里等了很长时间，畑中等得不耐烦了，又出去活动想说服阿南陆相。到半夜时分，井田一人走进办公室。素有"学者将军"之称的森热情地接待他，也不问井田来干什么，大谈他的人生哲学。在井田打断他的话头，提出要求森动员近卫师团去抢天皇讲话录音时，森有些犹豫。他说："让我到明治神宫去洗一洗不纯的脑子，然后再正式作决定。"井田准备陪他去。就在这时，畑中带了几个人回来了。他听说森还没有决定参加叛乱后，不耐烦的情绪达到了极点，怒气冲冲地喊道："这完全是浪费时间！"说完就掏出手枪，扣动扳机，森立刻倒在血泊中送了命。然后畑中以森师团长的名义给各联队发布命令，指示近卫师团占领皇宫，"保护"天皇。一个中队被派去占领日本广播协会大楼，控制广播。派去皇宫的1000多名官兵并不知道自己参加了叛乱，还以为是去增强警卫力量。不到几分钟，皇宫所有的大门都被关闭，天皇与外界隔绝了。

在宫内省，天皇的投降诏书已经录音完毕。来参加录音的情报局总裁下村和日本广播协会工作人员正准备乘汽车离开，在皇宫外面被枪上上了刺刀的士兵拦住。下村的秘书承认了自己的身份，所有人都被带走盘问。有人透露，录音唱片已交给一个宫内侍从保管。于是一个搜索队被派到宫内省去搜查录音唱片。

虽经仔细搜查，并威逼皇室人员，畑中手下的人还是没有找到录音唱片。被畑中派去争取支持的井田带回了对叛军不利的消息，他们得不到外界的支持。"东部军管区不愿介入。"井田认为政变已搞不下去了，他说："近卫师团官兵一旦发现师团长被杀，就会拒绝干下去的。"

畑中也感到大事不好，阴沉着脸说："我明白。"

"我去向陆相报告，赶快把部队撤走吧！"井田继续说。

畑中点点头，然而井田一走他又来了劲，去叛乱中心近卫师团兵营忙碌起来。这时，支持叛乱的芳贺大佐越来越感到可疑，怎么总是见不到森将军。当芳贺知道森已经死了时，他想知道森是怎么死的。畑中回答说不知道。恰好东部军管区司令部的参谋长高岛少将打来电话，查寻皇宫里究竟发生了什么事，接电话的是畑中。高岛在知道情况后劝畑中停止动用军队，服从天皇的命令。听到这些，畑中的声音哽咽了。他说："我还有个请求，在天皇陛下的诏书广播前给我 10 分钟广播时间行吗？"他想在广播里说说青年军官为什么要叛乱。这一要求遭到高岛拒绝。

在得知叛乱并没有得到军方支持后，芳贺知道自己受骗了。他大发雷霆，要畑中立即停止叛乱，否则他就要杀了领头叛乱的军官。

为平息叛乱，东部军管区派出宪兵赶走了占领皇宫和广播协会大楼的叛军。畑中没有回陆军省，他还要作最后的顽抗。畑中和他的死党椎崎二郎中佐一起走到皇宫前的广场上。他们散发传单，号召国民起来阻止投降。忙了一阵后见无人响应，畑中抽出曾用来打死森将军的手枪，对准自己的前额开了一枪。椎崎往自己的腹部戳了一刀，然后举起手枪，扣动扳机。

政变流产了，天皇投降诏书的广播照常进行。在播音室里，日本最有名的播音员和田信贤脸色苍白，紧张地坐在麦克风前，宣布将播送天皇宣读的诏书。这样做在日本历史上还从来没有过，不少人还以为天皇是要亲自鼓动国民进行本土决战。在奏过国歌《君之代》后，收音机里响起很少有人听过的声音："告我忠良臣民，察世界之势及帝国现状，朕决定采取非常措施，收拾时局……"诏书始终只字未提"投降"二字。对日本人来说，没有比在失败时保住面子更重要的事了。

日本全国上下，全神聆听。站着的跪着的听众，抽搐着脸，在低声抽泣，在号啕大哭。在大本营光线昏暗的礼堂里，几百名军官穿着整洁的军服，戴着白手套，佩带勋章、军刀，肃立恭听，泪流满面。

在离东京不远的厚木机场，302海军航空队司令小园大佐在听完广播后，爬上跑道附近的土台，召集飞行员听他讲话。他激动地说："投降诏书是伪诏，投降意味着国体的解散，服从这个命令就是叛国。"他喊道："跟我来，消灭敌人。"说完他就带领飞行员驾驶飞机去轰炸美军基地。干完后小园又驾机去东京上空散发传单，指责政府把天皇引入歧途。他还公开散布说天皇一定是疯了，才会投降。后来他被人强制注射吗啡，穿上拘束衣送往一所海军医院。海军第5航空战队司令宇垣缠中将在听完广播后率领11架自杀飞机，飞向冲绳，去撞击美国军舰。

在东京的一个寓所里，"神风"部队的创始人大西中将在家里自杀。此人曾向天皇建议，只要死 2000 万日本人就能打胜。阿南惟几已在广播诏书前切腹自杀。在老百姓中也不乏这样愿意一死了之的人。自称为"尊王攘夷义军"的 10 名成员在东京爱宕山抱成一团拉响手榴弹自杀，为首者留下的绝命词是"山河失陷，蝉雨枉然"。在九州的福冈，有 16 名被俘的美国飞行员被装上卡车，送到火葬场附近的小山旁。这些美国人被迫脱光衣服，一个接一个被带入树林中，被日本兵用军刀劈成碎片。

在广播天皇诏书的当天下午，铃木内阁举行最后一次会议，宣布内阁总辞职。经天皇批准，以天皇的叔叔东久迩亲王为首建立新内阁，办理投降的正式手续和结束战争的善后工作。

16 日，天皇又向全体日军发布了停战诏令。皇族的几个亲王被派到国外去说服当地的驻军服从天皇的诏令。原来坚决主张把仗打到底的驻海外日军首脑立即改变态度。冈村宁次提出"承诏必谨，以安圣怀"。寺内则发出"接受天皇命令必谨，遵奉诏书"的训令，以控制部下不让他们蛮干。但因战败而极度失望的情绪仍驱使不少高级军官走上自杀的绝路。一直率领第 18 军在新几内亚与盟军周旋的安达中将 9 月 10 日在拉包尔自杀，表示要与 10 万战死的部下共命运。他的部下最多时有 14 万人，停战时只剩下 13000 人。自杀的还有杉山元元帅、本庄繁大将等人。有些军人甚至还逼迫全家人包括孩子一起死。

日本投降后，在北方的库页岛和千岛群岛的战斗仍未停息。8 月 11 日，苏军向日军占领的库页岛南部进军，双方发生激战。日本宣布投降后，当地的日军一直在顽抗，直到 28 日才解除了他们的武装。驻守千岛群岛的日军在收听了天皇的录音讲话后仍在做决战准备。18 日凌晨苏军开始炮击千岛群岛中的占守岛，然后登陆，日军出动了几十辆坦克反击。当时浓雾弥漫，一两米外不辨人形。岛上到处激战，日军的坦克被击毁。附近岛上的日军不断向占守岛增援，企图在滩头消灭苏军。当战斗正酣时，守岛的日军接到"停止战斗行动"的命令，当天下午停战。至 8 月 29 日，驻守千岛群岛的日军全部放下武器。

8 月 15 日这一天是盟军欢庆胜利的日子。早晨 6 时，美军南太平洋战区最高司令哈尔西接到"停止空袭"的命令，他立即大吼起来，让战列舰"密苏里"号鸣笛一分钟庆祝胜利。哈尔西召回了已出发的航空母舰舰载机。驻关岛的美军太平洋舰队司令部里，尼米兹得知日本投降的消息。他提醒美军士兵，既然战争已经结束，不能再用侮辱的言辞辱骂日本民族和日本人。麦克阿瑟得到了杜鲁门的通知，他被指派为盟国驻远东最高司令官，负责受降事宜。这是麦克阿瑟一直要求得到的职务。在美国国内，整整一天，人们都在庆贺胜利。城市的广场上挤满了欢呼的人群，入夜，狂欢在通宵达旦地进行。

8 月 19 日，日军派出 16 名代表去马尼拉求见麦克阿瑟，与他接洽投降事宜。不久美军开始向日本大举进军。8 月 26 日，一支拥有383 艘舰船、1300 架舰载机的美国舰队向东京湾挺进。尼米兹在"南达科他"号军舰上听说将由麦克阿瑟主持日本投降仪式时，非常愤怒，他认为这对一直在太平洋上苦战的海军太不公平，要求有所补偿。杜鲁门在海军部长的劝说下，同意投降书的签字仪式将在"密苏里"号战列舰上举行，而且由尼米兹代表美国签字。

28 日，美军先头部队在东京附近的厚木机场着陆。30 日，大批美英军队乘 300 架大型运输机在机场着陆。同一天，麦克阿瑟乘"巴丹"号运输机到达东京。他仍是老样子，戴一顶便帽、一副太阳镜，抽着玉米芯做的烟斗，像演员一样不快不慢地走下飞机。他一下飞机就大发感慨："从墨尔本到东京的路真遥远，但我终于来到了这里。"

麦克阿瑟的车队从机场到横滨，短短的路程走了很长时间，日本人提供的旧汽车烧的是木炭，一再抛锚。沿路两侧站岗的日本兵有 3 万人，都背对着路。麦克阿瑟下榻在横滨的新大饭店，这是一幢在历次空袭中未受破坏的建筑。直到 9 月 8 日他才迁居去东京。

到日本不久，麦克阿瑟命令美军占领北纬 38 度以南的朝鲜。9 月 24 日，美军乘飞机在汉城的金浦机场降落。而这时，苏联红军已进入北朝鲜，封锁了南北朝鲜交界的地区。朝鲜从此被人为地分为两半。

日本正式签署投降书的仪式原定于 8 月底举行，后因台风影响改在 9 月 2 日。

1945 年 9 月 2 日拂晓，天空阴云密布，整个东京湾都笼罩在阴影之中，远方云雾飘荡在常年积雪的富士山巅。美国海军战列舰"密苏里"号被几百艘海军舰船簇拥着，桅杆上飘扬着美、苏、英、法、中五国国旗。其中的美国国旗，就是日本偷袭珍珠港那天，在美国国会大厦顶上悬挂的那一面。战列舰上，一只铺着绿绒毯的水兵饭桌放在炮塔和船栏之间，桌上放着投降文件和自来水笔架，两边各放一张椅子。

清晨，"密苏里"号军舰上的所有炮口全部高高昂起，全舰官兵早早地就围坐在甲板四周。8 时 30 分，麦克阿瑟登上战舰。20 分钟后，各盟国代表和将领陆续走上甲板。不一会儿，代表日本政府的新任外相重光葵和代表日本军方的梅津美治郎同 9 名随员乘美军驱逐舰到了。重光葵拖着一条假腿，多年前他在上海被朝鲜爱国志士炸断了一条腿。他在登舰时显得非常困难，走在后面的梅津也不扶他。重光葵狼狈地爬上舷梯，极力掩饰自己的窘态。

受降仪式由麦克阿瑟主持，他身边站着哈尔西。麦克阿瑟首先作了一个简短演说。他说："我们主要交战国的代表，聚集在这里来缔结一项庄严的协定，以图恢复和平。"麦克阿瑟笔直地站在那里，双手直打颤，他继续说："以今天这个严肃的仪式为转机，从过去的流血和野蛮行为中奠定更美好的世界，这才是我最大的希望，也才是人类真正的希望。我以盟国最高司令官的名义，在此声明：以正义和宽容来完成我的职责，同时为了彻底、迅速、忠实地遵守投降条件，将采取一切必要的措施。"这时，天空中乌云已渐渐散开，富士山峰在阳光下闪闪发光。

接着，战败国日本代表在投降书上签字。投降书有英、日两种文本。投降书中写道："我等兹宣布：日本帝国大本营和不论在任何地方的一切日本国军队以及在日本国控制下的一切军队，向同盟国无条件投降。"重光葵一拐一拐地走过来坐下，他不知所措地摸摸帽子，弄弄手套和手杖，给人以拖延时间的感觉。麦克阿瑟看出他是弄糊涂了，就让人告诉他该签在哪儿。重光葵签字后，梅津僵直地走过来，也不坐下就代表日本军方草草签了字。

然后，麦克阿瑟签字。他在签名时用了五支钢笔。第一支笔写"Doug"，然后把笔递给在菲律宾被俘的美国将军温赖特；第二支笔写"las"，然后把笔递给在新加坡被俘的英国将军帕西瓦；他用第三支笔写"MacArthur",这支笔给美国国家档案馆。最后两支笔签他的官衔,他把第四支笔留给美国西点军校,第五支笔是他口袋里的红色小笔,要送给他的夫人。随后各国代表依次签字。

这个庄严的场面有一阵遭到破坏。有个盟国代表冒冒失失地对日本人做鬼脸。重光葵白了他一眼,毫无表情地故意慢慢戴帽子,其他日本人也学他的样。

最后,麦克阿瑟宣布日本投降仪式结束。他说:"我们祈求上帝,世界从此恢复和平,上帝将使和平永存。"他的话音刚落,天空中传来嗡嗡的机群声,几小时前从关岛和塞班岛起飞的400架B-29轰炸机在这个高潮时刻飞临"密苏里"号战舰上空。几乎就在同时,从美国航空母舰上起飞的1500架舰载机又阵势威武地出现在东京湾上空,呼啸着掠过"密苏里"号战舰,隆隆的巨响使战舰的甲板都震颤起来。机群在东京湾上空转了一大圈,又飞向远处白雪皑皑的富士山方向。

至此,日本正式战败投降,太平洋战争宣告结束,日美在太平洋上的殊死血战以日本的惨败而告终。

三年多前，为确保对中国大片土地的占领以及控制原料产地，日本不顾一切地发动了太平洋战争，并竭尽全力想赢得战争的胜利，但终于未能成功。日本军国主义者发动的这场战争给亚洲人民包括日本人民带来了无穷无尽的灾难，而最终挑起战争的那些法西斯军人也是一无所获，受到惩罚。除战死葬身异域者外，还有一些人战后因战争罪行受到惩罚。在战争快结束时，日本首相铃木曾在国会不无感慨地叹息："太平洋应是太平之洋，在太平洋上动干戈将会遭到天谴。"他本意是指责美国，而在这场战争中最终真正受到严惩的正是日本自己。战争结束后的许多年中，日军曾经占领过的一些太平洋孤岛上的深山密林中，还不时发现一两个与人世隔绝多年的日本老兵。他们重新回到文明社会引起的轰动，像是在不断提醒日本不要再去破坏太平洋上的和平。

太平洋战场大事记

1931 年

9 月 18 日　日本关东军攻打沈阳东北军驻地北大营，引发战事。

1932 年

1 月 7 日　针对日本在中国东北的侵略活动，美国公布国务卿史汀生起草的"不承认照会"，宣布美国不承认"侵略的产物"。

1933 年

2 月　国联表决通过要求各会员国不承认"满洲国"的《李顿报告书》，日本宣布退出国联。

1936 年

2 月 26 日　日本陆军千余官兵攻占陆军省，袭击首相官邸。

1937 年

7 月 7 日　日军在北平郊区卢沟桥挑起战端，发动全面侵华战争。

1940 年

8 月　法国维希傀儡政权与日本签订条约，允许日本在印度支那北部驻军，引发美国对日禁运废钢铁。

1941 年

9 月　日军进入印度支那南部，美国立即宣布对日实行石油禁运，冻结日本在美全部资产，中断两国贸易联系。

10 月　日本近卫内阁倒台，由陆相东条英机出任首相。

12 月 8 日　日本海军联合舰队偷袭美国太平洋舰队基地珍珠港。

12 月 10 日　日军攻占关岛。

12 月　日军经过激战占领威克岛。

1942 年

1 月 2 日　日军占领菲律宾首都马尼拉。

1 月 23 日　日军攻占俾斯麦群岛中新不列颠岛首府拉包尔，作为继续南进的重要基地。

4 月 18 日　美国杜利特尔机队轰炸东京等城市。

4 月　在菲律宾巴丹被俘的几万美军开始了所谓"巴丹死亡进军"，在被押送到吕宋战俘营途中大批遭虐待致死。

5 月　驻菲律宾美军投降。

5 月 8 日　珊瑚海海战爆发，双方损失相近，这是人类历史上第一次航空母舰的交战。

6 月 3 日　日本海军进攻美国的阿留申群岛，占领基斯卡岛和阿图岛。

6月4日　中途岛海战爆发，日本海军损失4艘航空母舰。

8月7日　日本海军在萨沃岛海面重创美海军舰队。

1943 年

1月　日军撤出瓜岛，历时半年的瓜岛争夺战以日军惨败告终。

2月　日本联合舰队制定"1号"作战计划，轰炸驻瓜岛和莫尔比斯港的美军舰队和设施，收效甚微。

5月　美军收复阿图岛。

8月18日　日本联合舰队司令山本五十六在布干维尔岛上空被击落。

9月30日　日本御前会议决定建立"绝对国防圈"，北起千岛群岛，南下小笠原群岛、新几内亚西部，向西经荷属东印度，直至缅甸。

11月21日　美军登陆吉尔伯特群岛的塔拉瓦岛。

1944 年

2月　美军收复马绍尔群岛。

2月18日　美军对特鲁克岛上日军进行猛烈空袭，使该岛失去基地功能。

6月　美日海军塞班岛西南海面展开激战，日9艘航空母舰3艘沉没，4艘受伤，360架舰载机仅存25架。

6月3日　美军攻占西南太平洋上的比阿克岛。

7月7日　美军宣布占领塞班岛。

7月18日　日本东条英机内阁集体辞职。

7月27日　美国总统罗斯福与麦克阿瑟、尼米兹举行军事会议，决定发动菲律宾战役。

9—11 月　美军进攻帛琉群岛，守军依托山洞顽强抵抗。

11 月　在菲律宾莱特湾爆发海战，日军损失近四分之一海军兵力，丧失制海权。

12 月　莱特战役结束，日军损失 6 万多人。

1945 年

2 月　日军死守马尼拉，使城市遭到彻底破坏，并杀害 10 万平民。

2—3 月　日军死守硫磺岛，美军伤亡惨重，伤亡人数超过守军。

3 月 9 日　美军数百架轰炸机向东京投放燃烧弹，毁坏城市四分之一的建筑。

3 月 26 日　美军在冲绳庆良间列岛登陆，日军残留舰只奉命出击，因没有飞机掩护被全歼。

4—5 月　日军在冲绳海面发动"神风特攻"作战，以飞机撞击军舰。

4 月 5 日　日本小矶内阁垮台，继任首相为海军大将铃木贯太郎。

7 月 2 日　美国宣布冲绳岛战役结束。

7 月 26 日　美英中三国发表促令日本投降的《波茨坦公告》。

8 月 6 日　美国向广岛投放原子弹。

8 月 9 日　美国向长崎投放原子弹。

8 月 8 日　苏军出兵中国东北，向日本宣战。

8 月 10 日　日本召开御前会议，决定接受《波茨坦公告》。

8 月 15 日　日本播放天皇宣读的投降诏书。

9 月 2 日　盟国在美国"密苏里"号军舰上举行日本投降仪式。

主要参考书目

1. 日本历史研究会编：《太平洋战争史》，商务印书馆 1962 年。

2. 汤重南等主编：《日本帝国的兴亡》，世界知识出版社 1996 年。

3. 郑孝时、康明芬著：《太平洋大海战》，上海文艺出版社 1987 年。

4. 王书君著：《日美太平洋血战史》，青岛海洋大学出版社 1991 年。

5. 苏虹著：《天昏地暗——太平洋战争》，蓝天出版社 1994 年。

6. 赵振愚著：《太平洋战争海战史，1941—1945》，海潮出版社 1997 年。

7. 李玉、骆静山主编：《太平洋战争新论》，中国社会科学出版社 2000 年。

8. ［英］约翰·科斯特洛著，王伟、夏海涛等译：《太平洋战场》，东方出版社 1997 年。

9. ［美］戴维·贝尔加米尼著，张震久、周郑等译：《日本天皇的阴谋》，商务印书馆 1973 年。

10. ［美］赫伯特·菲斯著，周颖如、李家善译：《通向珍珠港之路》，商务印书馆 1983 年。

11. ［美］小克莱·布莱尔著，翟志海、张明学、滕学振译：《麦克阿瑟》，解放军出版社 1983 年。

12. ［美］C. W. 尼米兹、E. B. 波特著：《大海战：第二次世界大战海战史》，海洋出版社 1987 年。

13. ［美］戈登·普兰奇等著，王喜六等译：《中途岛奇迹》，上海译文出版社 1991 年。

14. ［美］莱斯利·R. 格罗夫斯著，钟毅等译：《现在可以说了：美国制造首批原子弹的故事》，原子能出版社 1991 年。

15. ［美］约翰·托兰著，郭伟强译：《日本帝国的衰亡》，新星出版社 2008 年。

16. ［日］渊田美津雄著：《袭击珍珠港》，商务印书馆 1979 年。

17. ［日］实送让著，张焕利、黄凤珍译：《珍珠港事件前的日日夜夜》，新华出版社 1984 年。

18. ［日］服部卓四郎著，张玉祥译：《大东亚战争全史》，商务印书馆 1984 年。

19. ［日］阿川弘之著，朱金等译：《山本五十六》，解放军出版社 1987 年。

20. ［日］外山三郎著，龚建国、方希和译：《日本海军史》，解放军出版社 1988 年。

21. 日本太平洋战争研究会编，韩有毅、夏宁生、何勇译：《日本最长的一天》，河北人民出版社 1986 年。